洞見孩子的靈魂

行動中的海寧格教育

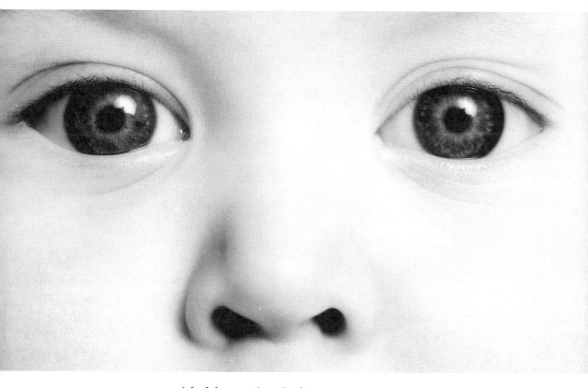

伯特‧海寧格 ◎ 著

(Bert Hellinger)

宋黎輝、梁寶儀 ◎ 譯　　　陳慧雯、黃慶生 ◎ 審訂

Looking Into the Souls of Children:
The Hellinger Pedagogy in Action

緣起

回想：與家族排列的初相逢⋯⋯。

這是一個神奇之旅⋯⋯。

三年前，在某個研習機緣下，接觸了家族排列。當時在個案演練中，我被選為阿嬤代表。原以為只是角色扮演，沒想到，當我一上台之後，整個內在能量、言談舉止，全部變成了感同身受的當事人阿嬤⋯⋯真是太神奇了！

多年來，從事教育工作者的我，在學校學務處、輔導室多年，亦在少年觀護所、救國團義務張老師、生命線擔任講師及志工。實務工作中，長期接觸孩子、家長、個案，亦不斷學習各式的輔導相關書籍與理論。而這個神奇的體驗，讓我看見了另一個領域，生命有了一個新視野，讓我想要一探究竟。

真真實實感知了場域能量、對偉大靈魂的力量感到敬畏，想了解！於是，我開始搜尋有關家族系統排列的相關訊息，因緣際會馨月老師來訪，她從學生時代開始參與家排的學習，介紹我看相關書籍以及海爺爺帶領工作坊的影片。

我熱愛我的工作，和孩子相處是充滿愉快與挑戰，面對不同的議題及學習。但是在實務工作上，處理性侵個案上，卻是我的難題與悲傷，曾見到孩子不斷自殘與歇斯底里，我問了自己：「學校除了通報依法處理和陪伴個案之外，我們能做什麼？」六年前，在短期精神疾病安置醫

院，我看見了長期晤談的孩子與母親無助的對話，孩子空洞的眼神，自責讓母親擔心，媽媽的無奈，讓當下的我在醫院裡嚎嚎大哭，回學校後依舊無法抑制自己的情緒，因為我幫不了孩子。這個問題，讓我在海爺爺的書籍中，似乎看見了另一種生命境界，提供了不一樣的觀點，但我不知道如何運用與處理，只知道有一天我一定要到德國學家排。

2014年，一個衝動、一個決心，不懂德文的我，決定隻身前往德國⋯出國前，和多年不見的老友慧妹重逢，我們歡喜分享了排列的體驗與感動。多年不見、又相隔遙遠，在出國前不期然地相逢，讓我感覺這彷彿是一個徵兆，預告這會是一段感動的旅程。

然而，一路都有貴人相助地、順利地抵達會場。會中約有兩百多位來自世界各國的夥伴，而只有我來自台灣！有人好奇地問我：是誰介紹我來的？沒有任何人！其實，我也很難解釋自己那內在的神奇動力：在網路上看到海爺爺照片，有神、睿智的眼睛，我就想來了⋯⋯。

我的英文不好，看著台上呈現一幕幕的排列，似乎訴說著生命的無奈與宿命，場域能量沈重、好嚴肅。我像是一個置身事外的人，看著這一切的發生⋯⋯。

大夥兒紛紛舉手上台，雖然我沒有想到個人的議題，可是我也想上台，想感受海爺爺的能量，以及台上的超自然靈性。扮演過程中，有些個案、代表上台後連一句話都還沒說，立刻身歷情境之中，如實呈現所有情況，這個情景直接衝擊到我的內心⋯⋯。

後來我舉了手，也被點到。在台上的我像孩子般地雀躍不已，我用poor英文述說著自己：只為一睹爺爺本尊這充滿能量的眼睛（your eyes catch me, so powerful）。爺爺對我微笑、又眨了眨眼睛。台下哄堂大笑，也沖淡了原本沈重而嚴肅的氣氛。

在台上的能量，都是非常自然的⋯⋯讓我想擁抱海爺爺，爺爺的身體好溫暖，「是老天給的特殊能量嗎?」研習的最後一天，我鼓足了勇

氣，利用中場休息時間，私下問爺爺：有關多年來，我在處理性侵案件的痛。

爺爺當下請助理拿出一本書，問我是否看過？這書是爺爺的新作，2014年才剛出爐的英文翻譯版《looking into the souls of children》。而我 —— 當然沒看過。

爺爺把書交給我，要我將這本書翻譯成中文後出版。並表明之後他和妻子會來台灣，為台灣教育現場的工作者，帶領一個工作坊。當下，我腦筋立刻凍結：我做不到、我完全不會！我只懂得教育，我英文不行，中文書寫能力差, 思考也很跳躍，哪能完成這麼陌生又艱鉅的任務？我忙著推拒「but…but…but…」，爺爺無視我的抗拒，堅定地說：「No but！」爺爺告訴我：你要發現可以幫助你的人，你要組織這些人……。雖然我還是很慌張，但是，爺爺的堅定與相信，給予我力量……，同時我也立刻回頭請香港家排負責人Tim 協助我；加拿大華人Desine亦主動告知我及爺爺她可以協助我翻譯此書。

如果說爺爺的眼神召喚我來的……，而我，選擇回應了這個召喚……。

這本書有許多實務的區塊，提供我們在教育現場的老師，另一個思維與省思。包含我自己，做了不少的修正。如在輔導工作上，若能尊重孩子家庭的獨特性，將家長、孩子的序位放在最前面，助力則會大大增加。在男女議題上若我們接納每一段關係，並將每個過去的伴侶放上一個位置，給予祝福的心，不需刻意提起，那麼世間的愛恨情仇是否能消弭？如果我們能夠相信自然界的序位，尊重每個生命的命運，而不是企圖用自己的良知（價值觀），想盡辦法把孩子拉向主流文化，是否我們在原住民教育或非行少年的工作上能更有效能？

我很想念海爺爺，腦中一直記得他的身體好溫暖，眨眼可愛的模樣，書中的內涵與Seminar的情境常會出現在我腦裡，有時眼眶紅了，

感受到愛與關懷。此書與一般的諮商理論書籍不同，屬於靈性移動的區塊，無法用邏輯推分析，可是也為許多面臨瓶頸者提供出路。

　　在教育現場中，許多筋疲力盡的老師們或許可以看看書中所寫，先別急著下評論，試著去感受那字裡行間的力量與排列時的畫面，誠如海爺爺所說，我們可能會出錯，但排列不會騙人，因為它會真實的反應所有的事情。

　　歷經一年中文書終於出版了，選擇翻譯、校稿、審稿全由學習家族系統排列的夥伴完成，來自兩岸三地，跨越了兩岸三地意識形態，共同的一個信念就是：我們想把這件事做好，能提供讀者們不同的思維，尤其是教育、輔導工作者，另一個問題解決方式。此書的產出，有許多共事的夥伴，審稿者香港家族系統排列負責人Tim，翻譯者加拿大華人Desine超越時空的書信翻譯往返，以及香港Eve的協助；地球村同學Richard，馨月、慧妹老師、世璿校長、王鈞、主編文君等夥伴，在不同的時段與我中英文對照著討論書中意涵，謝謝你們。在幾次看見孩子對父母的愛。例如：「隱藏的愛」（the hidden of love）章節中，與死神對抗的十六歲男孩，所有的不按牌理出牌只因「愛」。只要「找出孩子的愛的方向」我們會相信海爺爺所說的：每個孩子都是美好的；家長亦然，或許在教育輔導工作上能更能勝任愉快。

　　九十歲的高齡要承載著多少人的期待與能力，我還是想握著海爺爺的手跟他說，我能為您分擔一些嗎？仍然想大大的擁抱感受能量……。現在的我只想跟海爺爺說：謝謝您給了我一個這麼特殊的學習機會，讓我學習珍惜生命中的美好事物。您要照顧好身體，我們都好愛您。您要趕快來台灣，讓有心想學卻無緣去德國的夥伴們學習更多。雖然在實務中，我還是不知如何運用靈性的移動，但尊敬那生命的力量。我想去了解，用心學習，為台灣可愛的孩子、家庭多做些事。

陳慧雯於花蓮

2015.5.6

前言

　　我很高興可以為本書《洞見孩子的靈魂》寫一篇前言，因此可以有藉口完成兩件事：由於你即將進入一個不同尋常的景觀世界，我可以提供一些指引，也藉此向我最尊敬的老師、啟發者和朋友，表達敬意。

　　我從1998年初識伯特・海寧格，完成了他第一部原著的英文出版，《家族星座治療－海寧格的系統心理療法》（*Love's Hidden Symmetry: What Makes Love Working Relationships*）。這本書的共同著作者是亨特・博蒙特（Hunter Beaumont）和根達・韋伯（Gunthard Weber），此書略微道出伯特・海寧格開始探索的事物。我經常說起當我參與這件工作一年之後的事情：直到我參加海寧格工作坊之前，我還自以為瞭解所有海寧格的觀點和目的。

　　我在華盛頓特區家庭治療（現在稱為心理治療）網路會議（Family Therapy Networker Conference）遇見伯特，後來去參加他的工作坊，與他共進晚餐。當時我立刻發現，我以為我所瞭解的，不過是他的所思、所為，是他所提供的大門入口、所露出的微光。

　　所以，現在距離我們第一次見面已經有十五、六個年頭，我所編製過的伯特書籍已難數計。對於這難得而持續的機會，我內心的感恩，難以言喻。

　　朝著地平線每往前走一步，我們的視野都變得更加開闊，總是有許

多可以去認識、去接觸、去回味，以及和所有其他的知識融合。每本伯特的書，所反映和表達的不僅僅是來自他的思想，也來自他的存在。

伯特的書教我學會用另一種方式去閱讀，在過去這些年裡，我發現我更加注意字裡行間的能量，人物與情境的協調，以及長遠的視野。這樣，我就不會像從前那樣急於判斷（批評或讚揚）。讓我的感覺能自在穿梭於那些顯而易見的事件描述之中，並且進入那些更潛微的流動。

譬如你會發現，伯特有時候會讓自己跟隨靈感，或者將某種觀察放諸全球化。如果我直接進入全然的反對立場（我義奮填膺的舒適位置），或者相反的全然贊成，我可能會錯失他的最終落點，不明白案主為何會感覺已得到療癒。所以我邀請你們每個人要留在當下。這件工作是一個過程，一種合作；是一種不舒服的、協調中的移動。

關於一些你們地圖上的地標，那些觀察是主觀的，任何時候當我們停下動作，表達當時的所見和感受，本質上都是主觀的。由於讀者的協作，無數讀者的努力，使這些觀察可以脫離主觀的領域。經過時間淬鍊，會散發出獨到的意見，並點燃共通的明澈。在時間滑入那個視野之前，如果我們與每個人同在，我們可以想像一下，使一個移動、一個洞見，具有如此療效的原因究竟是什麼。這一直都是一個引人好奇的問題。

你會在某些特定的位置，發現你的地圖有誤；地圖表明前方是一條崎嶇顛簸的石頭路，結果卻是一條平坦的道路。而有時候，你很確信前方的道路平平順順，突然之間，它卻變得陡峭而難以挑戰。當然，這就是人生地圖的特性：我們都是（案主和引導者）複雜的存在體，總有一些無法預見的機遇和陰暗的記憶。一路走來，伯特召喚他的引領者。有些時候在驚訝之間，他必須傾聽，將最重要的人物設立出來，如果發現不對，就放手。其他時候，他只是一個揚聲器，將與未來發展相應的想法或相關「力量語句」，與案主分享。

伯特的意識是超越普通意識的：他的見解是屬於一種神秘的超自然領域，包括附身（possession）和前世，他所尋找的，是非語言的交流、歷史的力量和歷代之間的主題，這種種背後更簡單的現象。然而，其中最重要的是畫面，畫面會超越過去所有特定術語所能描述的一切。

這本書百分之八十都是關於如何以各種方法，與各種背景的孩子一起談話。無論是孩子和未來，與創造性的元素協調，達成適應的態度，與愛同在等等，任何主題都是與孩子有關的。

這本書有個特別私密的部分，是討論伯特與整個學習主體進行工作的情形，包括年輕的學生，他們的家庭，老師和校長。尤其是由於某些原因而生命有分裂或受干擾的孩子，以及被收養，或是在寄養家庭和育幼院的孩童。

當孩子或兒童出現在伯特身邊，或者家族排列中，去感受那個情境，那種感覺是令人驚奇的。伯特的愛以及溫柔的誠摯，成為一股力量，會穿越他們目前所處的混亂困境。

在這本書的最後，伯特稱為「神秘的意識」（Mystic Consciousness），他回到我們生命中所持續遭遇的基本課題：關係、成功、成長、焦慮、失去……。伯特‧海寧格真實地面對自己，無所畏懼地走上朝向地平線的道路，他對每個渴望同行的人張開雙臂。

也許是一段偶然的陪伴，我從來不覺得伯特要我對世界擁有和他完全一致的瞭解。伯特的邀請永遠都是去學習他所學到的，是回歸我自己，而不是以他為標準。在這種廣闊之中，我得到很多所需要的收穫。剩下我能做的，我想就是這個地圖，對一切可能與鼓勵，開放心胸，產生勇氣，讓你能張開眼睛，開啟所有感官。或許把這份地圖折起來，放入胸前的口袋，傾聽生命的聲音。

Suzi Tucker

序

　　這本書為你講述一些故事，一些真實的故事。透過閱讀這些故事，我們可以看見我們的靈魂，我們自己內在小孩的靈魂，以及我們孩子的靈魂。我們甚至可以讀這些故事給我們的孩子聽，但每次只講一個。大一點的孩子可以自己閱讀這些故事，得到一些對自己靈魂的瞭解，帶來慰藉。最終，他們會找到自我解脫的方法，這種情形同樣適用於我們自己，我們自己解脫，然後我們的孩子也解脫。

　　如何閱讀本書呢？或許是用一種解放自己的方法，讓我們能超脫恐懼與顧慮，以發現我們以及我們的孩子，是否已踏上適當的生命旅途。

　　我們看見自己的靈魂，並輕歎釋然。對這些故事開放胸懷，讓這些故事引領我們，結果會是如何呢。

　　我們會懂得：如果我們懷抱著愛來看我們的靈魂，所有孩子都是美好的，我們也是美好的。

目錄　Contents

第一部分

孩子的靈魂

幫助面臨挑戰的孩子

記錄來自一堂課程，參與者為育幼院的孩子、看護者以及父母。

德國 巴特·克羅伊茨納赫（Bad Kreuznach），2001

背景

海寧格：許多孩子由於各種命運和童年經驗而背負重擔，尤其是離開原生家庭的孩子。有些孩子失去雙親，失去父親或母親，有些孩子被送養，或者家裡沒有居住空間……。有種種原因。這些都是受到壓迫的命運。有些孩子能夠應付，有些孩子覺得應付很困難。通常，問題只是源自我們當下內心正在「看著」的人。這些孩子看著他們的父母，也許，他們可能根本不認識他們的父母。但是，他們看著自己的父母，也許他們對父母感到憤怒。他們想念父母，他們很傷心，有時候甚至很絕望。如果孩子跟父母保持著這樣的連結，從孩子到父母，從父母到孩子，緊張漸漸積累。孩子無法擴展眼界，無法看到他們父母的真實樣貌。

●我們父母的真實樣貌

父母和孩子，意思是什麼？意思是：孩子從父母那裡接受生命，除此之外不會有其他的父母，父母的意思就是如此。因此，他們就是最好的父母，唯一可能的父母，也是唯一適合、正確的父母（right parents）。

問題是：我們從父母那裡傳承而來的生命，又是從何而來？他們從他們的父母那裡接受生命，由此順延而下。生命之源起，深妙玄遠，我們永遠無法瞭解。生命會消融在某種事物裡，我們不能知悉，亦無從掌握。

然而，生命世代傳遞，從未改變。生命的傳遞過程亙古不變。因

此，無論是什麼樣的父母，生命的傳遞過程從未改變：他們接受生命，傳遞生命，所有的父母都是一樣的。

●開放的心靈

如果孩子有著非常沉重的命運，那麼他們並不僅僅只是看著他們的父母，他們還往前看到許多代，看到生命的源頭。如果孩子能從源頭獲得生命，就如看到生命之河流，經由世代順延而至自己，他們的心靈會豁然開朗。我們知道也感覺到，在超越父母之外，我們是深植於某種更加廣闊和偉大的事物之中，我們也從這個偉大的維度裡獲得某種特別的力量。

即便如此，透過特別的父母，我們也體驗到自我和人生的局限。雖然，一方面我們會受限，然而，另一方面我們卻被賦予特殊的才華與選擇。一個沉重的命運常常比一個輕鬆的命運更為不凡。關於這點，我要講述一個故事。

●偉大

我在倫敦的時候，曾和一個患小兒麻痺症的女人一起工作。她坐著輪椅，旁邊站著愛她的丈夫。我問她：「你現在一切順利，你父母曾經表達過他們的感激嗎？」

她搖頭，我又問：「那麼你現在能否假裝對自己的生命表達感激？」她表示可以。

於是我讓她想像自己如同其他正常女孩一樣長大，然後我再讓她想像自己真實長大的情形，我問她：「哪一種人生更偉大？」她落下眼淚。我繼續問：「哪一個命運更加偉大？是你自己的這個，還是另一個？」她回答：「我自己的這個。」在這個聲明背後，有著不一樣

的力量。

就是這樣，當同意自己的命運，並採取行動，有著特殊命運便會看到自己背後那份特殊的力量。

下面我會從這層意義上，開始與這些孩子工作，看看能否找到好的解決方案。我要嘗試能否讓一些能量流動起來，讓那些從他們的父母、命運與背景那裡承傳而來的能量流動起來，這樣他們就可以透過這些能量的支持，去掌握他們的命運；這樣他們會感覺到：我所擁有的生命是正確的、美好的。

束縛（The ties）

海寧格：我是家族的一部分。我們的家族是深植於某種更大的事物，是在一個群體之中，受到一個共通的良知（conscience）所指引。良知和意識（conscious）不一樣，它具有嚴格穩固的定律。第一條嚴格的良知定律聲明：任何一個歸屬於群體的人，都不能被排除在外。如果有人**被排除**，這個良知會迫使一個後面出生的家族成員，來代表這個被排除的人。所以，在這個良知的力量控制之下，群體中的成員不是自由的。

●誰歸屬於我們的家族？

所以我們需要知道有哪些家族成員，是被這個共通的良知所控制。從家族最底層開始，有我們的父母，父母的兄弟姊妹，然後是祖父母，有時候還有曾祖父母。這些屬於血緣親屬。

然後我們有那些必須離開家庭的人，他們的離開使另一些人可以

取代他們的位置。比如父親的第一任妻子去世，就為下一任妻子空出位置。所以，第一任妻子仍然歸屬於這個家庭。這個定律也適用於父親與第一任妻子離婚的情形，即使是離婚，第一任妻子仍然歸屬於這個家庭。

當一個家庭由於其他人的損失而獲得巨額財富，尤其是以他人的生命為代價，那麼這些受害者也同樣歸屬於這個家庭。

還有其他一些重要的事，是我最近幾年才開始看清楚的：如果在一個家庭裡有謀殺者，那麼受害者就歸屬於這個家庭。相反地，如果家庭裡有一個受害者，那麼謀殺者也同樣歸屬於這個受害者的家庭。

這帶來一個意義深遠的後果。比如在以色列，我看到在大屠殺倖存者家庭裡，那些加害者也同樣歸屬於受害者的家庭。如果這點沒有被認可，會有受害者家族成員來代表加害者。加害者必須歸屬於受害者的家庭。對於我們德國人而言，這意味著我們必須對於納粹時期的罪犯開放心靈，他們雖然受到社會否定，但我們必須為他們保留位置，不然永遠不會和平安祥。

我在以色列本・古里安大學（Ben Gurion University）做過一個排列，那是一個有明顯自殺傾向的女案主。她渴望追隨她那被謀殺的家族成員。然而，允許她繼續活下去的祝福，並不是來自受害者，而是來自加害者。她被她所看到的情形深深的震撼。

●另一種愛

我們在處理孩子或青少年案例的時候，他們有時候表現得非常倔強、或者具有攻擊性，或者想要離開，甚至想死，我們並不知道如何去幫助他們，常常會忍不住想要給他們好的建議。那些孩子的看護者們要知道，這是完全沒有用的，因為孩子們會感到不被理解。

　　無論他們做什麼，嘗試自殺、逃跑、具有攻擊性，他們的行為全都出自於愛。然而問題是：為了誰呢？我們必須知道他們的愛去向哪裡，也許那讓他們憤怒的人，常常也是他們所愛的人。

　　當我們瞭解這些，我們會有一個全新的視野和新的選擇，然後這個孩子會感到被理解，年輕人可以開始為更加偉大的事物而獲得某種力量。因此，在家族系統排列（family constellations）裡所揭示的東西，所有這些糾葛，甚至多代之前的糾葛，是如此的寶貴。

　　我給你一個案例，示範這種情況是如何揭露的。

　　在日本的一個工作坊，有個女人說她不想回家，因為她的父母排斥她。然後我請一個人代表她的母親，另一個人代表她。她的代表表情憤怒。然後我讓她對她的母親代表說：「我要殺了你！」她說她沒有勇氣這麼說。

　　然後我讓案主上場，把她放在排列裡，並且讓她對母親代表說同樣的話：「我要殺了你！」她憤怒地說了出來。當我問她這句話是否正確，她說：「不完全正確，我只是想要她死。」

　　事實上，這意味著這個女人想要殺死她自己。她的靈魂無法承受這點。當人們對自己的父母有如此攻擊性的情緒，他們會想要自殺。這是一個沒有解決辦法的困境。但是我什麼都沒做。我停止了排列，不再與她做任何工作。

　　我甚至忘了她。忘記她，這也是一種靈性練習。這樣一來，案主就不再被我所影響，他們就無法表達反對我的情緒。

　　在這個課程結束的時候，她來到我身邊說：「我沒辦法平靜，我必須做些什麼。」一個同事建議做一個祖先排列（ancestors' line），我同意了。

　　我選出一個代表作為她的母親，在她的身後又放了母親的母親，

如此接續，直到第八代。然後為了能看到愛的流動是在哪裡被擾亂，我讓案主站在祖先列隊的前面。

案主轉向她的母親，但是她的母親並沒有愛流向女兒。接著這個母親轉身面對她自己的母親，愛也沒有流動。所以一路往下，直到第八代的母親，她緊握著拳頭，往後退了一點，然後眼睛看向地面。我們可以看到那裡有一個謀殺。看向地面通常是看向一個死者，緊握的拳頭意味著謀殺。

然後我讓一個男人躺在這個母親面前的地上。這個案主立刻爬向這個死者，然後開始大聲哭泣，接著她擁抱他，她認同的是這個八代之前的人。我讓他們兩人都站了起來，把這個死者帶去和他的母親排在一起，這個母親便可以懷抱著愛轉向她的女兒，這個女兒便可以再轉向她的女兒，最後所有的母親都可以轉向她們的女兒。

當這個死者被認可，歸屬於家族，愛便再度自由地在各代之間流動。

後來，這個案主爬向她的母親，跪在她面前，擁抱著母親的雙腿，大聲的哭泣，對母親說：「親愛的媽媽！」

●插入話題（Interjection）

與會者：關於加害者與受害者的事物，以及這個以色列的案例，我想表達一點想法。我感覺有些事物很悲慘，有些事物卻又可笑。一方面，這些以色列人曾經歷大屠殺，但現在他們正對付巴勒斯坦人，招致罪惡感。這樣，他們在承擔罪惡感的同時，又創造了和受害者家庭的連結；他們最想要避免的事物，卻正在發生，這是可笑的一面。

海寧格：你對以色列人完全沒有同情心。

與會者：是的，也許吧。

海寧格：因此，你也無法解決任何問題。

我在以色列給一個年輕人做過排列。他的家人參加旅遊團，到埃及旅行，一個埃及警衛向他們瘋狂掃射，殺死八個以色列孩子，其中包括案主的妹妹，當時她只有八歲。我排出那些被槍殺的孩子，埃及警衛，以及案主。這個案主基本上不想看他們，他轉過身去，他的身體沒有任何動作。然後我讓五個代表躺在地上，他們代表被以色列人槍殺的巴勒斯坦孩子。

於是，排列群體開始出現移動。一些以色列孩子希望去接近巴勒斯坦孩子，但這些巴勒斯坦孩子卻退縮。

然後，我把這些被槍殺的以色列孩子們的父母代表加入排列，再加入那些被槍殺的巴勒斯坦孩子們的父母代表。

那個埃及警衛走到那些父母身邊，哭了起來。案主轉向兩邊的父母，他們擁抱在一起。那些巴勒斯坦的孩子們，爬向那些以色列孩子們。

唯有我們看到每個人，並在內心給予每個人一個位置，我們才能開始朝和平前進，在此之前是沒有和平的。

●關於日本案例的提問

與會者：我有個問題，是關於你所講述的日本案例中那個有攻擊性的女人。如果沒有機會和能力意識到家族八代以前曾發生謀殺事件，這個女人如何能擺脫她對母親的那份攻擊性？

海寧格：沒有機會，這是牽連（entanglement，又稱糾葛）。

與會者：在早期的排列裡，我看到那些謀殺者被排除在外。近來的洞見是否改變這一點？或者那僅僅適用於部分案例？

海寧格：在我剛開始做家族系統排列的時候，謀殺者處於家族之中

時，他們很明顯地對其他家族成員有不好的影響。那時期我沒有看出謀殺者必須和受害者一起融入家族。這是一個新的瞭解。

●更多的故事

我再講幾個故事，給你們一些指引。在華盛頓的工作坊，有個女人收養了一個孩子，是一個嬰兒。她當時有伴侶作陪。我們做了一個排列，找到解決方案。

這個孩子的母親不想要這個孩子，父親也不想要。於是這個女人就和她的伴侶收養了這個嬰兒。

我選了一個孩子親生母親的代表，和一個親生父親的代表。然後在這個親生母親身後排出七代母親，在親生父親身後排出七代父親。

這個養母抱著這個孩子，孩子剛剛一個月大。她把這個孩子抱給這個親生母親身後的每個母親看。

除了那個親生母親，所有的母親都慈祥地看著這個孩子。祖母、曾祖母以及上面所有的母親，她們都非常慈祥地看著這個孩子。這個孩子的養父也把孩子抱給所有的父親看，他們都慈祥地看著這個孩子。

這個排列結束之後，不久，我收到這對夫婦的來信。這個孩子過去總是皺額頭，排列之後，孩子的臉變得愉快。

我們並不只是要看親生父母，還可以去看更深遠相連的血脈，看過去很多代，以獲得我們需要的祝福和力量。

凱文的排列

凱文十六歲，他在自己挑選的育幼院生活了五年。他的母親離奇地去

世了，但沒有解釋死因。凱文的父親是一個音樂人，他的狀況無法養育凱文。

海寧格對坐在他身邊的凱文說：閉上眼睛。你內在某種東西正在變化和移動。允許它自由展現。我給你足夠的時間。

海寧格等了一會兒：現在慢慢地回來。

凱文將頭往前傾。海寧格看到這個有意識的移動，他把一隻手臂環在凱文身上，另一隻手臂抱著他的頭，輕柔地把他摟在胸前。

過了一會兒，海寧格讓一個女代表站在他們面前。凱文睜開眼睛。他和這個女人對視了很久。

過了一會兒，凱文回靠在椅子上，仍然看著這個女人。

海寧格對凱文說：跟她說：「媽媽，我擁有一切。」

凱文：媽媽，我擁有一切。

海寧格：說的時候看著她：「媽媽，我擁有一切。」

凱文：媽媽，我擁有一切。

海寧格：「我會用來做一些事。」

凱文：我會用來做一些事。

海寧格：「你不必擔心。」

凱文：你不必擔心。

海寧格：「現在你可以安息了。」

凱文：現在你可以安息了。

凱文哭了起來。海寧格將凱文的頭摟在他的肩上。

海寧格：告訴她：「我非常想念你。」

凱文：我非常想念你。

海寧格：「在我裡面，你依然活著。」

凱文：在我裡面，你依然活著。

海寧格：說的時候要看著她。

過了一會兒，告訴她：「我會把你給予我的傳遞下去。」

凱文：我會把你給予我的傳遞下去。

海寧格：「帶著愛。」

凱文：帶著愛。

海寧格讓一個男人站在他們面前。

海寧格對凱文說：這是你的父親。對他說：「現在，我永遠放棄你。」

凱文默默的凝視父親許久。

海寧格對凱文說：告訴你的父親：「我已經擁有了一切，現在，我與你斷絕關係。」

凱文：我已經擁有了一切，現在，我與一切斷絕關係。

海寧格：不對，是「我與你斷絕關係。」

凱文：我與你斷絕關係。

海寧格：「但我已經擁有一切。」

凱文：但我已經擁有一切。

海寧格：「其他人已經代替你幫助了我。」

凱文：其他人已經代替你幫助了我。

海寧格：「現在，我已足夠堅強。」

凱文：現在，我已足夠堅強。

凱文又凝視了父親很久。

海寧格：對他說：「感謝你給予我生命。」

凱文：感謝你給予我生命。

海寧格：帶著多一點的友善去說。

凱文：感謝你給予我生命。

海寧格：「我將因此而有所作為。」

凱文：我將因此而有所作為。

海寧格：「你不必再擔心我。」

凱文：你不必再擔心我。

海寧格：「我永遠與你斷絕關係。」

凱文：我永遠與你斷絕關係。

海寧格：現在，請坐得像個堅強的人。是的，像這樣。從內在挺直起來，是的，就是這樣。

聖經裡有個故事。有個男人擁有五種才能，但他沒有用來做任何事。另一個男人只有一種才能，他超越了所有人。因為他用來做了一些事。

我再講一個故事。一個男人搭乘火車的臥鋪。他睡在下鋪，另一個人睡在上鋪。上鋪那個人不停地說：「我好餓啊，我好餓啊。」下鋪那個人去了餐車，帶了些食物給他。

過了一會兒，上鋪那個人又開始說：「我之前好餓啊，我之前好餓啊。」

明白嗎？好吧，故事講完了。

海寧格如同看護者般和凱文說話，並擁抱了他：當我與他這樣工作之後，他已經變得很堅強。沒有人需要去注意他，沒有人要去問：「你覺得怎麼樣？」

這是對他人靈魂的一種粗魯干擾。這樣的詢問是出於好奇，會從凱文那裡攫取能量，來滿足提問者自己靈魂的需要。這是很嚴肅的。凱文擁有了一切。他有他的父母，他知道自己在做什麼。

對凱文：祝福你。

受害者

海寧格：多年來我做過很多療癒工作，我發現最為重要的事物只有一件，這件事很直接：所有的療癒，只有一個成功途徑——讓人們和他們的父母連結。僅此而已。有些人比較容易做到，有些人比較難，有些人陷入困境，總是無法和父母重新連結。

我們無法和那些表現為受害者的人一起進行工作。一個人只要表現為受害者，他們會對別人具有攻擊性。當人們面對這些表現為受害者的人，會覺得生氣。當他們去見治療師，他們也會讓治療師生氣。「我這麼可憐，你必須幫助我。如果你敢不照我想要的方式幫助我，你就完了！」這就是表現為受害者的攻擊性。

很多育幼院的孩子（惹麻煩的孩子，寄養的孩子等等）抱怨他們的父母：「如果我有不一樣的父母，我的人生該多麼不同啊。」這就是他們所相信的。

　　幾年前我參加一位美國催眠師的小組練習。他在地上排出三個長方形，排成一列。一個代表完美的父母。站在那個長方形上，代表我們擁有完美的父母，問題是：感覺如何？

　　然後我們站在另一個長方形上面。這個長方形代表最糟糕的父母。第三個長方形是我們真實面貌的父母。

　　結果如何？感覺如何？每個長方形感覺都一樣。

　　很多育幼院的孩子、或者被收養的孩子，感覺很想向別人抱怨他們的父母。他們表現得像個受害者，想要贏得同情。然而，也有孩子會說：「我的父母就是這樣，我覺得沒關係。我已經得到我所需要的一切，別人接著走進我的生命，幫助了我。現在，我將用生命來做一些事。」透過這樣的態度，他們獲得自由，可以迎向未來。

我把你帶去你父親那邊

海寧格：現在我們繼續。你們是一家人嗎？到這裡來。你們當中哪一位有問題？

女人：當我聽了這麼多之後，我一直努力地想，我們之中，真正有問題的到底是誰？

海寧格：很明顯，問題源自於你。你的兒子，這個可憐的孩子，就是那個承受問題的人。

海寧格對團體說：你們看到她是如何把這個重擔放在孩子身上的嗎？她不看我，她看著他。

海寧格對女人說：你有孩子嗎？

女人：是的。

海寧格：有幾個？

女人：三個。

海寧格：你之前結過婚嗎？

女人：是的。

海寧格：他是哪次婚姻裡的孩子？或者還有其他的關係嗎？

女人：還有其他的關係。這個孩子來自我兩次婚姻之間。

海寧格：所以他是兩段婚姻中間的孩子。你第一次婚姻裡有孩子嗎？

女人：有的。

海寧格：有幾個？

女人：一個。

海寧格：然後就是這個孩子，後來你又有了一個孩子？

女人：然後我和現在的丈夫又有了一個孩子。

海寧格：這個是你現在的丈夫？好吧，這個男孩的父親現在怎樣？

女人：我不知道。

海寧格：你不知道是什麼意思？

女人：我不知道他現在怎麼樣？他想做什麼？他說走就走。

海寧格：你還生他的氣？

女人：不再生氣了。

海寧格：我們從你的聲音裡可以聽出你還在生他的氣。

女人：如果我還在生他的氣，那麼我自己並沒有意識到。

海寧格：如果你仍然、或者曾經生他的氣，無論是哪一種，你就為你兒子從他父親那裡遺傳來的部分而感到生氣。你知道誰在我心裡有一席之地嗎？

女人：不知道。

海寧格：在我心裡，這個孩子的父親擁有一席之地，這就是為什麼你

兒子喜歡我。

這個兒子站在他生父的代表對面，然後開始排列。

海寧格對孩子說：看著你父親的代表，我不重要，他很重要。對他說：「請你看著我。」

孩子：請你看著我。

海寧格：「我畢竟是你的兒子。」

孩子：「我畢竟是你的兒子。」

海寧格：看著你的母親，對她說：「請你看著他。」

孩子：請你看著他。

海寧格：「他畢竟是我的父親。」

孩子：他畢竟是我的父親。

海寧格看到這個女人想要靠近孩子的父親。

海寧格：跟著你的感覺移動。

這個女人慢慢走向孩子的父親。

海寧格：告訴他：「我愛你。」

女人：我愛你。

海寧格：靠近一點。告訴他：「我很生你的氣。」

女人：我很生你的氣。

海寧格看到這個男孩想要移動。

海寧格：跟著你的感覺移動。

男孩開始左右搖擺。

海寧格對孩子說：躺下，躺下。

這個孩子倒下了。

海寧格：這是他母親詛咒的影響，這詛咒讓孩子倒下了。
對女人說：要幫助這個孩子，只能做一件事。你必須告訴他：「我會帶你去你父親那邊。」
女人：我會帶你去你父親那邊。
海寧格對團體說：關於這點，我給你們講個小故事。一個女心理學家有兩個孩子，她和丈夫分居，她說：「孩子的父親對孩子什麼也沒做。」

　　我問她：「你尊重孩子的父親嗎？」她說：「不。」我說：「沒錯，這就是為什麼他對孩子什麼也不做。」

　　兩年後，我又遇見了她。我問她：「你好嗎？」她說：「孩子的父親帶他們去度假。」這是解決的開始。回到最初的愛，無論發生了什麼，給它一定的空間，然後孩子就會好起來。

　　被拒絕的父母，對孩子是最大的損失，巨大的損失。這裡，這個孩子被擊倒在地，我們已經看到一個孩子是如何倒退，因為他的母親沒有往前看，而是往後看。

　　我想對孩子的母親說些話。如果有人生氣，我會讓這個人說下面的話：「我到底對你做了什麼，以至於我對你如此生氣？」真相往往與表相相反。從她的反應來看，很可能就是這種情況。這個父親非常感動，充滿愛。

我在這裡打住吧，我認為我們已經看到了本質。

海寧格對兒子說：你可以對你的母親說，「你對我的繼父所有的愛，都無法取代這種愛。」但是你的繼父一直在照顧你，這是很明顯的事實。在你的心裡給他一個大大的位置，和你父親的位置並列。當然，你父親在你的心裡也有一個大大的位置。

●冥想

海寧格對團體說：我會和你們做一個小小的練習。閉上眼睛，現在，你回想你的人生，看看你對哪些人感到憤怒，想像他們的模樣。傷害過你的人，還有你傷害過的人，都站在一起。然後請你走到每個人面前，你看著第一個人的眼睛，對他說：「我像你一樣，完全一樣。」感受一下當你這樣說時，對你靈魂的影響。然後，你再對下一個人說：「我像你一樣，你也像我一樣。」接著再下一個人。你看著對方的眼睛，開放自己的胸懷，說：「我像你一樣，你也像我一樣。」

當你與列隊中每一個人都會面完畢，你和所有人一起轉身面向遠方的一點，那裡仍然是黑暗的，光明就隱藏在那背後。面對這個隱藏的光明，你們一起深深地鞠躬。

我要告訴你另一個故事。不久前我在以色列，我去了加利利海（Lake Genezareth），這是耶穌基督在山上說「登山寶訓」的地方，這是一個神奇的地方，非常寧靜安祥。

耶穌在那裡說過：「使人和睦的人有福了，因為他們必稱為神的兒子。」然後他說：「要愛你們的仇敵，為那逼迫你們的人禱告。這樣、就可以做你們天父的兒子，因為祂叫日頭照好人，也照歹人；降雨給義人，也給不義的人。」我們大家都知道這些。

在我們回程的路上，我一直在想：如果靈魂對這些思想開放心靈，會怎麼樣？這真正的意思究竟是什麼？如果我們去感知這個靈魂的內在，如果我們能成功做到這點，我們的內在又會發生什麼呢？

在那個瞬間，有一句話進入了我的心裡：愛就是，明白在更偉大的事物面前，所有人都和我一模一樣；承認在更偉大的事物面前，其他人都不過與我同樣。

人性都是一樣的。會原諒，也會忘記。在更偉大的事物面前，承認其他所有人都和我一樣。好吧，這就是對這個排列的一點補充。祝福你。

看護者（Caretakers）

我想對那些育幼院的兒童看護者說說話。如果他們幫得太多，孩子會對他們感到憤怒。兒童看護者在照顧孩子的時候，需要保持一點距離，畢竟，他們是代表孩子們的父母在看護孩子。看護者們必須選在一個比孩子父母較低的位置來照顧孩子，這點很重要。如果看護者想變得大一點，假裝比孩子的父母更好，孩子就會感到憤怒。

這一點在我們今天早上的排列案例裡完美地展現出來。孩子的父親站在育幼院的後面，一方面他逃避責任，另一方面，育幼院可以依賴他，這是美好而且有益的。如果父母對孩子的幫助以這種和諧的方式組成，而且，如果這些孩子可以成為像他們父母的人，孩子就會感到安全。孩子都會想要變成自己的父母。

如果有人說：「你的父親是個酒鬼。」那麼出於對父親的忠誠，孩子就會變得和父親一樣。這就是外界對孩子靈魂的影響效應。孩子

會變得和父親一樣。孩子說：「我想要像你一樣。」然後父親會慈愛的看著孩子說：「你也可以去做一些和我有所不同的事物。」這樣可以釋放孩子，讓孩子可以超脫父母範圍去發展。

關於這一點，永遠都是一樣的。我曾經想過，是什麼讓人變得偉大？那就是所有使我們與其他人相同的事物，都會讓我們變得偉大，而任何與其他人的偏離，都會讓我們變得渺小。這種偉大是一種謙虛的偉大，透過這種偉大，我們可以安祥輕鬆地穿梭在所有人之間。一但有人讓自己變得比其他人更大，其他人就不想和他在一起。這種把自己變得比其他人更大的方式，會產生攻擊性。相反地，表現得和其他人平等一致，這樣的人無論在任何地方都會受到歡迎。

我為了你

海寧格：好吧，繼續我們的工作，誰想來？

他對一個在法律上來說已成年的、來自育幼院的孩子說：你想要現在來嗎？

她點頭，**海寧格**說：你認識你的父母嗎？

案主：知道，我認識，我的父親和母親，我兩個都認識。

海寧格：他們來自哪裡？

案主：我的父親是美國人，來自阿拉巴馬州，我的母親是德國人。

海寧格：你父母的關係怎麼樣？

案主：非常好，真的。

海寧格：很好，他們還在一起嗎？

案主：是的。

海寧格：那你為什麼會來育幼院？

案主：因為我無法和我的父親繼續相處。

海寧格：你反對他嗎？

案主：是的，我實在找不到其他的辦法。

海寧格：還有其他人對他感到憤怒嗎？

案主：什麼樣的憤怒？

海寧格：我只是問大致的情況。

案主：我就是沒有辦法和父親和睦相處，我也不知道是怎麼回事。

海寧格：你有兄弟姊妹嗎？

案主：是的，有個姊妹。

海寧格：比你大還是小？

案主：比我大。

海寧格：你的父母當中，有人曾經有過其他關係嗎？

案主：我父親以前結過婚。

海寧格：這另一個女人，她是個什麼樣的人？

案主：我不認識她。

海寧格：她是個什麼樣的人？別人怎麼說起她的？

案主：她來自泰國。

海寧格：那麼，她是泰國人？你的父親環遊世界嗎？

案主：不是，他曾經在越南服兵役。他也曾經出國度假，或者被派到過其他國家，我並不清楚。

海寧格：好吧，我們來看看能為你做些什麼。我先排出兩個人。你已經知道我想先排誰了吧？你看，我總是那些被排除在系統之外者的盟友。是誰被排除了呢？

案主：不知道。

海寧格：那個泰國女人被排除了。我猜她生你父親的氣，而你代替了她。這就是為什麼你和你父親之間會有爭執。不是因為你和你父親有什麼問題，而是她和你父親有問題，而你認同了她。這是我的推測。當然，我們需要測試一下，好嗎？開始。

除了案主本人，海寧格找了一個男性來代表案主的父親，一個女性來代表這個泰國女人。

海寧格對代表們說：我完全信任你們，去跟隨你們靈魂的移動。

排列開始。

海寧格對於排列所展現的狀況，對案主說：你的父親對她並不友善，你知道從排列所看到的狀況意味著什麼嗎？你的父親令她感到窒息。

海寧格對團體說：這個泰國女人藏在案主的身後，案主承接了她的攻擊性，我們可以看到案主緊握的拳頭。第一任妻子所遭受的壓迫，由她來承擔。

過了一會兒，**海寧格**對案主說：告訴她：「我替你報仇。」

案主：我替你報仇。

海寧格：「我在這裡是大的。」

案主：我在這裡是大的。

海寧格：「你只是小的。」

案主：你只是小的。

海寧格：「你這個泰國小可憐。」

案主：你這個泰國小可憐。

海寧格：「我可以做得比你更好。」

案主：我可以做得比你更好。

過了一會兒，**海寧格**說：現在跪下來對她說：「在這裡你是大的。」

案主：在這裡你是大的。

海寧格：「我是小的。」

案主：我是小的。

海寧格選出另一個代表為案主的母親，把她放進排列。

海寧格對案主說：告訴你的父親：「她是我的母親。」

案主：她是我的母親。

海寧格：「她是對我唯一適合的母親。」

案主：她是對我唯一適合的母親。

海寧格：「我和你另外那位太太一點關係都沒有。」

案主：我和你另外那位太太一點關係都沒有。

海寧格：「我在這裡只是個孩子。」

案主：我在這裡只是個孩子。

海寧格：「請你把我當女兒看待。」

案主：請你把我當女兒看待。

海寧格：「請接受我是你的女兒。」

案主：請接受我是你的女兒。

海寧格：也這樣告訴你的母親。

案主對她的母親代表：請把我當女兒看待，請接受我是你的女兒。

海寧格稍後再選出三位男性代表：你們三個人躺在地上，你的頭朝這

個方向，稍微遠一點。

對團體說：他們代表戰爭的越南人。

對案主說：看著他們。

海寧格稍後說：告訴你的父親：「請你看著他們。」

案主：請你看著他們。

海寧格稍後再對案主說：去蹲到死者那邊，去那邊，去蹲到死者那邊。

海寧格稍後又對父親說：告訴她：「讓我來承擔。」

父親：讓我來處理這些。

海寧格：「這不關你的事。」

父親：這不關你的事。

海寧格更稍後對父親說：和他們並排躺下。然後對孩子說：你站起來，母親也站起來。你們兩個對他們鞠躬。

海寧格對孩子說：「親愛的父親。」

案主：親愛的父親。

海寧格：「請你慈愛的看著我，如果我活下來。」

案主：請你慈愛的看著我，如果我活下來。

海寧格稍後問：父親現在感覺怎麼樣？

父親沒有反應。

海寧格對父親說：對你的女兒說：「我再也無法友善。」

父親：我再也無法友善。

海寧格：「這份罪惡感太大了。」

父親：這份罪惡感太大了。

海寧格：「但是我希望你活下去。」

父親：但是我希望你活下去。

海寧格對孩子說：現在轉過身，母親也是，你們都轉過身來。

案主：我想往前一點，因為我看到母親和父親一樣。

海寧格對案主說：和他們一起躺下，面朝上躺下。

過了一會兒：現在好一點還是糟一點？

案主：好一點了。

海寧格：就是這樣。現在起來吧，看著父親對他說：「我會去死，這樣你就可以活。」

案主：我會去死，這樣你就可以活下來了。

海寧格：「我為你承擔。」

案主：我為你承擔。

海寧格過了一會兒說：父親現在覺得怎麼樣？

父親：這樣不對。

海寧格：告訴她：「這不關你的事。」

父親：這不關你的事。我所做的事情取決於我。

海寧格：對她說：「你出去。」

父親：你出去。

海寧格對案主：現在你可以往前走了。

過了一會兒，海寧格對案主說：好吧，你可以停下來，已經夠遠了。

海寧格：你現在怎麼樣？

案主：好一點了。

海寧格對代表們說：死者們可以站起來了，泰國女人也是。你們都站在她的身後，一個接一個。

對案主說：倚靠著他們，對，就是這樣。閉上眼睛，深呼吸。這是祝

福的來源——現在也來自你的父親。

海寧格稍後對案主說：現在怎麼樣？

案主：好多了。

海寧格：好吧，到此為止，謝謝你們所有人。

對父親的代表說：尤其是你，現在我要展示如何讓你回到你自己。

想像她的父親在你的面前，對他鞠躬，輕輕的鞠躬，然後轉身離開。

好，你做得很好。

海寧格對團體說：這是個很好的例子，可以解釋讓大家知道：我們所有人都是一樣的。我們由此得出一個遠闊的政策。也許你可以看看我之前所說的關於好與壞的區別，或者好與壞的無差別。我們全都被植入一個我們無法逃脫的東西。讓這一切再度流經你的靈魂。你也可以看看我所說關於對孩子的愛。在這裡可以看得很清楚，我們也經常看見：在家族裡，如果父親曾經經歷過戰爭，或者捲入戰爭，那些受害者也同樣歸屬於這個家族。

有個男人來自美國，看起來有點像無賴。他說他的父親是個英雄，曾捲入爭奪硫磺島的戰役。在傷亡慘重的戰役之後，他父親的分隊在硫磺島上升起美國國旗。

我把這個父親死在那場戰役中的戰友排列出來，我也排出五個人代表硫磺島的受害者和美國的受害者。兒子是被這些受害者吸引。父親非常僵硬，但是兒子卻無法抗拒的被受害者吸引。我不能幫助他。然後我把兒子帶到父親面前，叫兒子對父親說：「我要去到他們那裡，我不在乎你到底發生了什麼事。」他照說了。這就是他和父親死去的同伴們深深的連結。

當父親深深地凝視孩子的眼睛，開始意識到：自己呈現的僵硬死者臉孔所造成的影響，他才變得軟化。然後他才能榮耀那些死者，慢

慢地和兒子從他們身邊撤退，我們在這裡也看到了類似的情形。

海寧格對孩子說：你的心並非和那個泰國女人在一起，你是和那些死者在一起。你在你的家族裡代表他們。但是他們必須和你父親在一起，你的父親也必須和他們在一起。你在這裡太小了，實在太小了。

我還想針對這種情況再說其他的東西：家族良知遵循的定律，該歸屬到系統中的人，都必須歸屬。因此，在這個良知中，沒有好與壞的區別。

另一個定律也在這裡發生作用，這個定律聲明：那些先到的人，比後到的人有優先權。那些晚出生的人不能去干擾早出生的人所做的事物。如果他們強行干擾，他們註定失敗。無論你做什麼，如果你想為了替父親贖罪而選擇自殺，這種努力註定是白費的，這樣做無法幫助任何人。但是你可能會覺得自己偉大又清白。每一個失敗的英雄都感覺很棒，然後他就要和那些死者躺在一起。這時，他的偉大到底成就了什麼呢？

你可能知道一點英國文學，在莎士比亞的一齣劇裡，有個法斯塔夫（Falstaff）是個又大又胖的傢伙，一個喜劇角色。他本來應該去戰場的，但是他想辦法逃脫留下來了。他是個懦夫。因為他是個懦夫，所以他活了下來。其中有一個誓死奮戰的英雄死了，他們把他埋葬。法斯塔夫說：「英雄主義就這樣結束，而我這個懦夫活了下來。」所以，你可以英勇地死去，或者懦弱地活下來。或者，更確切的說：你可以帶著罪惡感的良知活著，或是懷抱清白的良知死去。如果你替你的父親去死，你會感到清白。如果你活下來，你可能會覺得有點罪惡感。我們只能選擇帶著罪惡感活著。我講清楚了嗎？好，去吧，好好活著。

好的良知

與會者：為什麼我們要原諒敵人？

海寧格：我們不是原諒敵人。

與會者：你今天早上不是這樣說的嗎？

海寧格：我們變得像我們的敵人。

與會者：這是什麼意思？

海寧格：我們變得跟我們的敵人一樣，然後我們就不需要原諒他們。我們承認我們是一樣的。

●好與壞

也許我可以就這個關係，解釋什麼是好與壞。看起來：好與壞這件事在你心裡盤旋不去。

問題是：世界上有好的東西嗎？有壞的東西嗎？沒有，根本不存在。但我們運用這個二分法來指引我們的生活，讓我們有指導原則。好與壞的區別來自於我們的良知。如果我們有一個清白的良知，我們會認為我們做了些好事。如果我們有個壞的良知，我們會說我們幹了些壞事。

好與壞在這個關係裡僅僅意味著：「好」會幫助我們歸屬於家族，「壞」會威脅到我的家族歸屬。因此，為了要歸屬，我們的良知會幫助我們區別什麼是我們要做的事物，什麼是我們不能做的事物，這就是我們良知的任務。所以，這就是好與壞的區別所在。

每個家庭都是不同的。有些家庭認為好的事物，在另一個家庭看

來可能就不屑一顧。反過來也一樣。因此，來自一個家庭的行為，在另一個家庭看來可能很糟糕。然而，他們的行為是出自好的良知。因此，一些育幼院孩子的行為，在普通家庭看來也許無法忍受，可那也正是出於好的良知。

因此我們不能迎合他們的良知，那毫無助益。一旦我們知道在他們家庭裡什麼是好的，那麼我們就可以從符合他們家庭好良知的角度去和他們溝通。這樣就會有幫助，這就是兩者的不同。

有些事物是壞的。比如：一個人殺了另一個人，當然這是件可怕的事。還有戰爭中所發生的一切，都是可怕的。然而，這些都是從我們的觀點來看，來自我們好與壞的分別心。

所以我們現在就是這樣：將我們自己的良知、以及好壞的區別，轉移給神。我們認為神會根據我們的良知，來把我們判入天堂和地獄。這是我們的猜測。因此，從美國的觀點來看，那些襲擊世界貿易中心的恐怖分子將被上帝打入地獄，他們也積極幫助上帝去確保這些人下地獄。

相反地，這些恐怖分子對美國也有著同樣的想法。他們想讓上帝把美國打入地獄，他們也協助上帝來確保美國必定會下地獄。所以雙方都陷入了各自的良知之中。這樣，一個能夠與命運或者更大的整體和諧結合的事物，便來對我們自己的良知作評估。那些我們體驗為危險，或不愉快的，或者欺騙、拒絕的，僅僅是來自我們的良知。在一個更偉大的力量眼裡，這些卻還有其他的目的。

我有個老朋友，很早就死了，大約是在西元前475年，他說：**戰爭是萬物之父。沒有衝突，就沒有進步。**想像這個世界沒有任何「壞」事，我們可能挺著肥肚腩、晃來晃去、無所事事，想想真可怕！

　　所有現在發生的一切，眾多不同形式的戰爭，眾多被捲入恐怖情景的人，這些全都是對這個世界的祝福。所有人都必須找到新的指導原則，這些原則必須要結成新的聯盟，必須要包含與過去不同的人。即使我們選擇一方，反對另一方，不久之後會發現一切都是為了一個更偉大的目的。這個掌控一切的力量，並不是以我們能理解的慈悲來對待我們，而是會一直挑戰我們。

　　因此，我們也必須看到加害者也是為了另一個力量而服務。所有的加害者都是本著良知的。你的叔叔（對一個與會者說）在殺那個人的時候，是本著良知的。而那些對你叔叔執行刑法的人，帶著好的良知來執行。每個人做事都是出於自己好的良知，因此我們很難在此區別好壞。

　　最終，在這個更偉大的力量面前，我們都是一樣的。在它面前，我們也可能忘記好壞的分別。只有當我們願意從更偉大的維度去看，我們才能對和平有所貢獻，也才能理解其他人。最重要的是——我們才能理解孩子們的特殊行為。我們將孩子交託給這個更偉大的力量。這是一種和孩子們建立連結的方式。

　　我們今天早上對你們說的那個妹妹被槍殺的以色列人，他的內在無法和妹妹分離，仍然沉浸在震驚裡，正處在跟隨妹妹而去的危險之中。我跟他做練習之後，最後他終於能夠把妹妹抱在懷裡，他懷著愛看著她，如實地看著已經死去的妹妹，而不是還把她當活人看待。她已經死了，我們說：他把她交到上帝的懷中。然後他往後退，把她留在那兒。我們也可以對那些我們所謂的壞人這樣做，這就叫做，愛你的敵人。這和戒律完全不同，這是一個洞見：基本上，我們全都是一樣的。

幫助自閉症的妹妹

海寧格對三姐妹說：現在我要和你們三位一起工作。到這裡來，發生了什麼事？

第一個女孩：我們是五姊妹中的三個。我們最小的妹妹有自閉症。從七歲起，她就進了育幼院。我們覺得她被趕出了家門，我們對這件事有不同的意見。

第二個女孩：我們和父母之間也有問題。

海寧格：是的，我知道，我正打算要排列父母。

海寧格選出父母的代表，自閉症女孩的代表，沒有到場的五姊妹之一的代表，然後海寧格讓這三姊妹自己上場代表她們自己。他讓最大的姊姊自己來排。在排列中母親眼睛看向外面，然後盯著地面。

海寧格過了一會兒：從排列來看，有一件事是非常清楚的：母親正看著一個死者。

海寧格選了一個女人代表死者，讓她躺在母親的面前，背朝著母親。

過了一會兒，**海寧格**對自閉症的女孩說：跟隨移動的方向吧。

這個自閉症女孩搖搖晃晃地走動起來，躺到地板上，在父親的面前，離開其他人。

海寧格：跟隨你的內在移動，躺下來，躺下來。然後他對第一個女孩說：你知道躺在你母親面前的死者是誰嗎？

第一個女孩：我的母親有兩個已經去世的姊妹，是一對剛出生就去世的雙胞胎。

海寧格選了另一個女人，讓她躺在第一個死者的旁邊。母親便去跪在她面前。過了一會兒，海寧格讓自閉症的妹妹躺在死去的女人旁邊。此時，父親也轉向地上的死者和這個自閉症的孩子，很快這個自閉症的孩子坐了起來。

過了一會兒，**海寧格**對孩子的母親說：對你的自閉症孩子說：「我的兩個姊妹在我的心裡有一個位置。」

母親：我的兩個姊妹在我心裡有一個位置。

海寧格：「現在她們有了一個位置。」

母親：現在她們有了一個位置。

海寧格讓這三姊妹移到一邊，靠近父親一些，因為父親挪得更遠了。他們全都看著母親和死者。自閉症的孩子現在坐了起來。母親去世的兩個姊妹之一想要去碰她，但是這個自閉症孩子卻搖頭。

不久，海寧格讓母親和死者躺在一起。然後，他讓這個自閉症妹妹站在父親面前，再讓她走到其他姊姊那裡。然後海寧格讓父親站在他的五個女兒面前，這五個女兒按照年齡排列。

稍後，海寧格又選了一個女人代表育幼院，把她排在父親右側，隔一點距離的地方。

這個育幼院慢慢地挪向這個自閉症的女孩。突然，這個女孩把雙

手高舉過頭頂，發出一聲尖叫，然後雙手垂下來。

海寧格：這是從自閉症中解脫出來，獲得自由的現象。（breaking free from the autism）

對第一個女孩：但是還有其他的東西，只有這樣是不夠的，你知道還有什麼事物嗎？

第一個女孩：我父親的一個兄弟死於飢餓，是在大戰期間，從波美拉尼亞地區逃亡過程中餓死的，當時他是一歲半。

海寧格：是你父親的兄弟？

第一個女孩：是的。

海寧格選了一個父親兄弟的代表，讓他站在父親的右邊，父親輕輕地擁住他。然後海寧格也讓自閉症的女孩走到父親死去的兄弟那裡。她慢慢地走向他，緊緊的環抱住他。剛開始他倒了下來，然後他站穩腳跟挺直。這個自閉症女孩握著他的手，看著他的眼睛。

過了一會兒，海寧格讓這個自閉症女孩和她的姊妹們站在一起。父親早逝的兄弟轉向父親，他們懷著深深的愛，看著彼此。

現在海寧格排出這個家庭的序位：父親死去的兄弟在父親的右邊，母親和她死去的姊妹站在丈夫的左邊，五個姊妹按年齡順序排成一排，站在她們父母的對面，然後他讓育幼院的代表坐下。

海寧格對自閉症孩子說：現在感覺怎麼樣呢？

自閉症女孩：好一些了，可我還是感覺胸口有一股很大的壓力。但是，我沒有像剛開始那麼迷惘。

海寧格對姊妹們說：站成一個圈，所有人手臂搭在彼此的肩上。

她們溫柔地擁抱，頭緊緊地靠在一起，然後她們開始大聲的笑，尤其是那個自閉症女孩笑得最大聲。

海寧格過了一會兒說：五姊妹！是的，就是這樣！

海寧格對團體說：這麼多的東西在深層處進行著，真令人難以想像！可是當我們只看到表面的時候，卻只能取得微小的進展。但家族系統排列可以讓這一切逐漸顯露出來。

重點是，當面對這些情況時，我們的眼光要更加廣闊。使我們不會只看到眼前明顯的部份，但也看到事情的背後。過去的事情如何仍然強力地影響我們，以及死去的人是多麼活躍。

●提問

與會者：剛才自閉女孩尖叫的時候，你說這是一種自閉症的出路（way out of autism）。這是否意味著這個孩子就這樣好起來了呢？

海寧格：請注意聽我說的話。我說，這是從自閉症中解脫的現象，是我們可以看見的。事實上到底發生了什麼我並不知道。如果我們提問，就像你剛所說：真的有用嗎？那麼你的靈魂發生了什麼呢？你與你的內在和諧？還是與你的內在切斷？

與會者：當我提問的時候，我並沒有與內在和諧。

海寧格：正是。然而，這個問題並非只對你的靈魂產生影響，還會對整個系統產生影響。好奇的問題會干擾靈魂的移動。所以，沉默是必要的，全然的沉默。

我也很開心能聽到她的訊息，我把她放進我的心裡，可是我不敢去問。

當我們想要達到某種效果，在心理治療、或者社會工作中，或者

是在教養機構，一旦設定特定的目標，就不會起作用。事物總是不會有好結果的。因為那樣，我就把自己放在一個比較大的位置，也許是想加快一些事物的進度，或是強迫一些事物發生，就在那一刻，我和那更偉大的事物失去連結。

那個引領我們的更偉大的靈魂，在他心裡有比我們心裡更加偉大的事物，當我們將自己交托給他，我們就能成就更偉大的事物。

●計劃

想像如果我計劃今天要做什麼，我能達成什麼呢？沒有，什麼也沒有。事情只有在和諧一致（unison）中才會發生。因此，你問的這個問題很重要，這樣我們可以停下來解釋一些在我們看來理所當然的小事，會產生什麼樣的作用，比如詢問情況發展如何？會產生什麼樣的影響？在心理治療過程和育幼院裡，很多人都問：怎麼回事？為什麼這樣？為什麼那樣？這些問題擾亂了靈魂的動作。相反地，如果我們只是臨在，與更偉大的力量和諧一致，這種力量會向外散發，蘊含著不可思議的力量。在中國的哲學裡，這稱作「無為而為」。

在每一個案例裡，我總是後退（withdraw），當我後退的時候，一句話，或者下一步該如何進行，便突然出現在我心裡。於是我就把那句話說出來，或者執行這一步。然而，我並不知道這一切會把我們帶向哪裡。接著我繼續等待，透過這種方式，它一步步的顯現。我們永遠也猜不出下一步會發生什麼。

用你內在的眼睛，去看在你面前發生的一切：就像那些代表們立刻感知家族裡所發生的事物。同樣地，家族也感知到這裡所發生的一切。我們在這裡所找到的解決方案，會對家族產生作用。

●好奇

講一個來自德國科隆的故事吧。很久以前，有一種被稱作 Heinzelmännchen的小矮人，長久以來，每當夜幕低垂，大家都酣然入睡的時候，他們就會在眾人沒有覺察之下出來做好工作。直到有一天，有個女人想要知道小矮人到底是誰，從此他們便消失了。這是一個很好的例子。在這裡也是同樣的道理。我們全然的沉默就是完全尊重。這個尊重會讓我們靈魂深處的某種東西長出翅膀，開啟一個未知的空間。然而，一旦你提出疑問，希望知道別人心裡的想法，有些東西便會在靈魂裡萎縮。沒有人問太陽到底是如何為我們打算的，太陽只是散發光芒。如此，我也同樣只是讓自己沐浴在光芒裡。

有自殺傾向的女兒

海寧格：這個來自柏林的家庭現在就坐在我身邊，父母雙方都是波蘭人。他們是為女兒而來。但我今天不是要和他們的女兒工作，首先我要和母親工作。然後我看看有什麼事物顯現出來。我曾經和她交談過，她告訴我好幾件事。

有個有名的聖人，名字叫聖德保羅。他成立了明愛慈善會（Caritas），幫助了很多人。他對一個朋友說：當有人想幫你的時候，你要小心。通常當我們想幫助別人，便會削弱對方。你的女兒是個堅強的女孩，我已經看見，她很倔強。好吧，我們先把她放在一邊，我先來和母親一起工作。

　　在我和這位母親之前的交談中，她告訴我幾件事。兩個叔叔曾經反抗共產黨。有人說：他們兩人殺了一個共產黨員，後來他們被處死。

　　那麼現在的問題是：這個女兒在模仿誰？我想：是那個被兩個叔叔謀殺的共產黨員。我現在來檢驗一下。我們需要兩個人代表叔叔，我把他們排在這裡，開始的時候，我什麼也不做，只是觀察他們有什麼事情發生。

兩個叔叔的代表看著地面，他們往後倒，看上去似乎想要離開。海寧格選了另一個人，讓他面朝上躺在兩個叔叔的面前。

兩個叔叔變得很不安，他們被地上的死者所吸引。其中一個跪到地上，並沒有靠過去，只是一直看著地面。另一個人看著死者的臉很久，最後終於也跪到死者旁邊。

　　過了一會兒，海寧格選一個人代表女兒，讓她加入排列，她緩緩的向死者鞠躬，海寧格讓她躺在死者旁邊，她躺下來，眼睛看著死者。

　　第二個叔叔也躺在死者的旁邊，第一個叔叔坐直身體，伸出一隻手觸摸死者。

稍後，海寧格說：現在死者閉上了眼睛。
然後他對女兒的代表說：現在你起來。
海寧格：當你躺下來的時候感覺怎麼樣？好一點還是糟一點？
女兒的代表：好一點，我很想看看那個被害死的人，但他並不想看我。
海寧格：另外兩個人比較重要。

對女兒：這個死者被排除在家族之外，但他屬於這個家庭。這個家庭忽略了他。因此你會想要自殺。你內在的靈魂說：「我為你而死。」這就是內在的動力，你想說什麼嗎？

女兒：是的，我並不認為我想為我母親而死，我只是不喜歡這個世界，這就是原因。

海寧格對女兒的代表說：你現在可以坐下了。

對其他代表說：你們也可以站起來了。

海寧格對被害者的代表說：你躺在那裡感覺如何？

被害者：有些時候我感覺想要哭。

海寧格：正是，就是這樣。他們謀殺你，沒有人看著你。他們沒有一個人看著你，你有那樣的感覺是對的。你從一開始就做對了，在這樣的排列裡，代表者會有原來那個人的感覺，這是箇中秘密。

海寧格對其中一個加害者說：你感覺怎麼樣？

第一個叔叔：很冷，我全身僵硬而且很冷。

海寧格對團體說：他並沒有釋放，我們無法幫到他什麼。

對第二個加害者說：你怎麼樣？

第二個叔叔：剛開始我不停地發抖，但我必須一直看著他。我想靠近他一些，但我感覺雙腳沉重如鉛。我只能很慢地挪向他，當他看著我的時候，我感到如釋重負。當我對他鞠躬，看著他，我又再度感到很無助。當那個女人來的時候，我把注意力放在她身上，然後就很平靜了。

海寧格：所以，當女兒去承擔、即使她並沒有資格這麼做，她還是使這個叔叔放下了重擔。

海寧格把第一個叔叔排在第二個叔叔的後面，被害者排在第二個叔叔

的右側，女兒站在被害者和第二個叔叔的前面，背靠著他們。

海寧格對女兒說：閉上眼睛。

對被害者和第二個叔叔說：你們各自放一隻手在她肩上。

對女兒說：現在你讓加害者和被害者的能量和諧的流入你的身體，閉上眼睛，慢慢來。

對團體說：你們可以看到，她認同了受害者。她垂下頭的方式表明了這點，她必須在靈魂深處接受加害者，把他們當成普通人一樣。

對女兒說：張開嘴深呼吸，這樣你會感覺輕鬆一些。

對叔叔的代表和受害者說：你們也同時看著對方，當加害者在受害者的心裡擁有一個位置，受害者也在加害者的心裡擁有一個位置，把彼此當成普通人一樣，這樣也會幫到這個女孩。

稍後，**海寧格**對這個女兒說：現在你轉過身去，你轉向他們，用雙手擁抱他們。你們也用雙手抱住她，然後深呼吸。

對叔叔們說：請你們想像那個受害者在祝福她，帶著所有美好的祝福，願她一切安好。

稍後，**海寧格**對這個女兒說：現在你往後退一點，看著他們，看著他們對他們鞠躬，非常輕柔地鞠躬。現在你看著他們，對他們說：「你們在我心裡擁有一個位置，你們所有人都在我心裡擁有一個位置。」

女兒：你們在我心裡擁有一個位置，你們所有人都在我心裡擁有一個位置。

海寧格：看著他們說。

女兒：你們在我心裡擁有一個位置，你們所有人都在我心裡擁有一個位置。

過了一會兒，**海寧格**對受害者說：你現在感覺怎麼樣？

受害者：很好。

海寧格對這個女兒說：現在你可以轉過身去，轉身離開。

她轉過身去，目視前方。

海寧格：你知道你的面前是什麼嗎？

女兒：不，我不知道

海寧格：生命。你面前是生命。往前一步，再走一步，再走一步……。

她仍然垂著頭，海寧格扶著她的頭，讓她抬起頭來。他就那樣扶著她的頭，扶了很久。

海寧格對女兒說：現在你可以輕鬆的抬起頭來了，往前看。好吧，我們在這裡結束，感謝所有人。

收養的孩子

海寧格對維奧拉說：現在我們來繼續工作，和你一起來工作，好嗎？你已經看過這麼多，所以你可以看到我是很小心地處理每一件事情。

海寧格排出父母的代表。

對維奧拉說：閉上眼睛。

過了一會兒：閉上眼睛，對你的母親說：「媽媽，我讓你走。」

維奧拉：媽媽，我讓你走。

海寧格：「現在我讓你走。」

維奧拉：現在我讓你走。

海寧格：「你永遠放棄了我。」

維奧拉：你永遠放棄了我。

海寧格：「現在，我同意。」

維奧拉：現在，我同意。

海寧格：「現在我也永遠放棄你。」

維奧拉：現在我也永遠放棄你。

海寧格：「但是要感謝你給我生命。」

維奧拉：但是要感謝你給我生命。

海寧格：「感謝你曾撫摸我。」

維奧拉：感謝你曾撫摸我。

海寧格：對她說：「我是小的。」

維奧拉：我是小的。

海寧格：「你是大的。」

維奧拉：你是大的。

海寧格：「我永遠都是小的。」

維奧拉：我永遠都是小的。

過了一會兒，海寧格說：看著你的父親說：「你拋棄了我。」

維奧拉：你拋棄了我。

海寧格：「現在我永遠放棄你。」

維奧拉：現在我永遠放棄你。

海寧格：「其他人幫助我活了下來。」

維奧拉：其他人幫助我活了下來。

海寧格：「現在我要轉向他們。」

維奧拉：現在我要轉向他們。

海寧格：「但是感謝你給我生命。」

維奧拉：但是感謝你給我生命。

海寧格：「感謝你曾撫摸我。」

維奧拉：感謝你曾撫摸我。

過了一會兒，**海寧格**問：現在你感覺怎麼樣？

維奧拉：好些了。

海寧格：這當然會讓人覺得很痛苦，但是現在你變得更堅強。

海寧格對父母的代表說：謝謝你們。

海寧格對團體說：我所獲知的訊息是：她是被收養的，她也不知道自己的父母。

對維奧拉說：是這樣嗎？

維奧拉：是的。

●關於收養的重要問題

海寧格：我聽說有幾個與會者來自政府青少年服務部門。也許我該說點關於收養的事物，以及我們應該如何處理這方面的問題。

首先：不需要同情父母。這是首要的事。不需要同情可憐的母親，即使她只有十四歲，但是要同情孩子。這是最重要的。不要扭曲顛倒狀況，造成大的可以玩弄小的，小的卻無法保衛自己，到最後造成孩子的重擔。這樣幫助孩子的人才會堅定起來，正確的序位才會在他們的靈魂裡面建立。

第二件事就是：有些人認為，假使可以幫助孩子整理好一些事

情，似乎孩子就可能有辦法回到父母那裡，父母也就會接受孩子。孩子們幾乎都是懷著這樣的希望，但是父母並沒有打算這麼做。

　　想像一下：父母放棄了孩子，讓別人收養孩子。他們想要擺脫這個孩子，永遠擺脫這個孩子。如果這個孩子後來再去找他們，他們會如何反應呢？當然會感到愧疚。不再有復元的可能了。這是無法做到的。永遠放棄一個孩子，是無法和解，也無法復元。

　　對孩子而言，重要的是，他或她能同意已然發生的一切。父母把孩子送走，永遠的。我們可以把收養與墮胎相比。因此孩子必須說：是的，我同意，我也永遠放棄你們。這是痛苦的，然後孩子會獲得力量。

對維奧拉說：然而你從他們那裡接受了生命。他們一定是一對美麗的父母。你擁有一切，你收到最寶貴的東西。但是你只能透過你的養父母活下來，你可以懷著真正的愛和他們在一起，是他們使你活下來。

●對父母感到憤怒

　　還有些事也非常重要。孩子對親生父母感到憤怒，因為他們拋棄了他或她。孩子的內心深處對父母感到非常的沮喪。而這種沮喪常會移情到養父母身上。孩子想要保護親生父母，因此把對親生父母的憤怒都發洩到養父母身上。

對維奧拉說：你也是這樣的情況嗎？那麼你還可以補救，你可以告訴他們，你會如是的接受他們給予你的一切，他們為你所做的非常偉大。這會令他們感到高興，他們會對你說：「沒關係，我們很高興為你付出。」

　　這是我們必須考慮的事物。因此，想要幫孩子回到親生父母身邊是毫無幫助的。然而，孩子能和親生父母相見是非常重要的，如果可

能的話，是件好事。

●案例

　　有些情況是我們是必須要注意的，我會給你們舉些例子。

　　一個牧師寫了一封信給我，是關於一個變成精神分裂的女人。她有個女兒被送進收養家庭，後來她康復之後想要回女兒。他的問題是，我們該如何給這個女人建議。我的回答是，女兒需要留在養父母的身邊，母親可以對她說：「現在我又可以在你身邊出現了，你可以隨時來看我。但是我把你留在養父母的身邊，是他們在我生病的時候照顧了你。」然後這個孩子就可以來回在親生母親和養父母之間。但是現在母親不可以再從養父母那裡把孩子要回來。這可以被看做是一個愛的序位，在這個序位裡，這個孩子可以同時擁有親生母親和養父母。

●青少年服務

與會者：我對我工作中發現的一些事情有些疑問。有時候，我們的青少年部門需要在一些危機的情況下把孩子帶離他們的家庭。有些非常小的孩子被送到寄養家庭，很多時候被送到緊急庇護所。一旦孩子被送走，我們常常無法成功地讓父母和孩子保持連結，這種情況也適用於你剛才敘述的情況嗎？

海寧格：是的。

與會者：那麼這是否意味著，如果一個孩子在一季或者幾個月的時間內不能與父母成功連結，這個孩子就必須要尋找一個領養家庭？

海寧格：是的。

　　我曾經遇到一個案例。我給SOS兒童救助村的媽媽們辦過一個課

程。其中一個媽媽在很小的時候就被送人。這個媽媽有一個孩子被送進了兒童救助村，現在這個媽媽想要把孩子接回來。問題是：最好的解決方案是什麼呢？

　　我們為此進行一場排列。我們讓兒童村的媽媽代表這個孩子。一邊站著孩子們的兒童村媽媽，另一邊站著孩子的親生母親，孩子站在中間。

　　孩子的靈魂深處很掙扎，孩子糾結了很長的時間，最後他走到兒童村媽媽那裡，那是一個正確的位置。

與會者：我在一個收養機構工作，關於收養，你提到不要同情放棄孩子的父母，一方面你又提到原生父母應該得到一定的尊重，否則孩子無法快樂。這兩個位置如何統一呢？如果我沒有同情，我還能尊重嗎？還是不能有任何同情，才能產生一些尊重呢？

海寧格：尊重在哪裡？在堅強（toughness）裡？還是在同情（mercy）裡？

與會者：在同情裡。

海寧格：尊重在哪裡？

與會者：在對狀況的瞭解裡。

海寧格：如果你對他們有理解和同情，你便把他們變成孩子。我很強硬，我讓他們是大人。當我這樣看待他們，尊重在哪裡？

與會者：我不知道，這難道不矛盾嗎？

海寧格：很多的治療師表現得很柔弱。他們不讓人們自己去面對他們的生命，以及生命中的一切後果。比如，每條狗都知道如何像狗一樣生活。我們認為有些人不知道該如何像人一樣生活，面對一切後果。結果是這些人就這樣深陷沉淪——透過我們的同情。

　　愛是堅強，不是軟弱。

●在育幼院的孩子

與會者：這是否也意味著，因為愧疚的緣故，那些在育幼院待了很久的孩子無法找到一個現實可行的辦法回到他們父母身邊？

海寧格：以育幼院來說，我並不確定。有些時候，因為孩子的重擔釋放了，他們就可以回家。育幼院和收養家庭（foster home）是不同的。

與會者：是地點不同而導致變化嗎？

海寧格：這取決於整個狀況。現在很多人認為育幼院是個不好的地方。我自己曾經在一個寄宿學校五年，我在那裡感到輕鬆釋然。育幼院可以為他們所做的事情感到自豪。

●選擇哪個養父母

與會者：我有個關於選擇養父母的問題。當有些孩子突然成為孤兒，他們的祖父母想要收養他們，祖父母們是否應該被優先考慮為收養人？還是我們應該為孩子尋找最好的養父母？

海寧格：我們把孩子留在他們的家庭裡，這是原則。這種情況下祖父母應該排第一，沒有人會比他們的祖父母更好，那不可能。

所以，首先是祖父母，然後是叔叔、阿姨。只有當家庭內沒有人願意收養孩子的情況下再去別處尋找。盡可能地把孩子留在自己家庭這個小團體裡。

與會者：即使祖父母對雙親的死亡有一定責任，情況也是如此嗎？比如說對孩子母親的去世有責任的情況？

海寧格：有一定責任？你指的是什麼？

與會者：嗯，比如他們對孩子支持不夠，以致於孩子因此而死亡？

海寧格：這些是最糟糕的詮釋。我們永遠都不該去假設這樣的事情。如果祖父母想要收養孫子，那麼這是對孩子最好的地方。我們必須知道：孩子對家庭有著深刻的忠誠，他們只想留在家裡。孩子忠誠於父母，哪怕父母打罵孩子。如果我們假設孩子在別的地方會更好，並把他們帶離原生家庭，孩子會懲罰自己。我們必須要非常小心，要與孩子的靈魂同在。我們必須去榮耀孩子的忠誠與愛。當我們這樣做的時候，孩子就會成長。如果我們因為一些外在的考量，而使孩子脫離自己的家庭，那是很糟糕的。

　　從另一個不同文化的國家收養孩子，這種情況尤其糟糕。這不如讓孩子死在他自己的國家，至少使孩子與命運緊緊相依。很多人覺得他們有權力去干涉孩子的命運，以為這樣孩子會更幸福。但是我們必須小心。然而還有一些例外，所以我不想在此把問題一般化。

　　在選擇養父母的時候，那些自己有孩子的、會比那些沒有孩子的更加適合收養。但是兒福部門當然知道這些，我不需要告訴他們。對於那些失去孩子的家庭，將收養的孩子當成替代品，這樣很不好。那些被感動的父母、那些想要幫助孩子的父母，才是適合的。而那些無法自己生育，去收養的原因僅僅只是因為他們自己沒有孩子，這樣不好。然而，這些父母當然也可能是出於感動、因為想幫助孩子，那麼情況就又不同。動機很重要。

●父母與養父母

與會者：你是否可以談一談：養父母對孩子的親生父母該採取什麼樣的態度會比較有益？

海寧格：養父母必須把自己看作是親生父母的代表。他們必須尊重孩子的親生父母。只有當他們尊重孩子的親生父母，他們才會尊重

孩子。如果他們覺得自己比親生父母有優越感，孩子就會復仇，並且說：「你沒有比我的親生父母更好。」

很多年前，我辦了一個TA溝通分析課程。當時的團隊督導是一名女牧師。她收養了四個孩子，她自己還有幾個孩子。其中一個收養的孩子，來的時候已經有六、七歲。這個孩子搞得全家不得安寧。有人說他精神變態，這是一個可怕的詞。他是個可憐的孩子。幾年以後，她對這個孩子說：「你愛怎麼做都可以，我永遠都是你的媽媽。」然後這個孩子落下眼淚說：「媽媽，這些年來，我一直都想要你變成我的親生母親，現在我放棄了。」這個孩子的親生母親是個精神分裂者。這個例子可以讓你們看到孩子的忠誠度有多高。

祝福你，也問候你的養父母。

收養的孩子

海寧格對一對夫婦說：我現在來和你們一起工作，我想你們有一個收養的孩子。到這裡來，然後我們繼續這個話題。

這個收養的孩子有什麼問題嗎？

女人：這個孩子九歲的時候被送到育幼院，因為他的父親殺了他的母親。他和他的兄弟姊妹都被送到育幼院。他是四個孩子中的老二。

海寧格：你自己也有孩子嗎？

女人：我自己有兩個男孩，但是我和現任丈夫沒有共同的孩子。

海寧格：第一任丈夫現在怎麼樣？

女人：他又結婚了，還有了一個女兒。

海寧格：你曾經離過婚嗎？

女人：是的，我兩個兒子的父親不是同一人。

海寧格：你結過好幾次婚嗎？

女人：沒有，只有一次。

海寧格：這沒有區別。只要有好的結果，過程不重要。這個收養的孩子現在多大了？

女人：他十九了，他十六歲時才到我們家來的。

海寧格：他父親殺他母親的時候他幾歲？

女人：九歲。

海寧格：你選擇了一個難度很大的工作。

女人：我感覺這件事是被指派在我身上的，這個任務是……。

海寧格：這個孩子會變成一個殺人犯。這個孩子會變成一個殺人犯，如果我們不找到解決之道的話。

我在卡塞爾（Kassel）曾經督導過一個小組。有個女人說，她的姊夫殺了她姊姊，後來姊姊的兩個孩子到她家住，我講這個是為我們下面要做的工作做準備。

然後我做了個排列。這個女人的姊姊代表很快從她丈夫身邊走開，充滿恐懼。這個丈夫只是站在那裡，看著地面。接著我讓她躺在地上，因為畢竟她已經死了，然後我讓丈夫往她的方向看。

排列中的殺人犯會不知道要往哪裡看，他或她的呼吸通常非常淺短。所以我把這個殺人犯帶到這個死去的女人身邊，讓他看著她，深呼吸。突然，痛苦在他內心迸發，那是一種不可思議的痛苦。他俯身靠近女人，兩人緊緊地擁抱。殺人犯和受害者之間常常有深刻的愛的連結。

他們就這樣，兩人躺在一起，他們的孩子和阿姨站在遠處。那是兩個女孩，其中一個孩子想去父親那裡，另一個想去母親那裡。然後

我讓她們躺在那裡，我說：一個女孩會變成殺人犯，另一個會成為受害者。這就是忠誠的作用。

　　然後我進行了介入，我讓女孩們站起來，讓父親對孩子說：去到你們的阿姨那裡。母親也說：去到你們的阿姨那裡。於是阿姨抱著她們，然後她們離開。這兩個女孩都感到如釋重負，非常如釋重負，這樣她們就可以繼續自己的人生。

　　在今天這個案例裡也具有同樣的動力。我必須來看看這個家庭發生了什麼。我們需要一個男孩的代表，一個父親的代表和一個母親的代表。

父親的代表和母親的代表並排站著。兒子的代表站在他們的對面。過了一會兒，他緩緩舉起他的手，好像要去抓別人的喉嚨。

海寧格：這就是加害者的能量。你們可以看到他將變成一個殺人犯。

對女人說：他是怎麼殺她的？

女人：他割了她的喉嚨。

海寧格：然後他怎麼樣了？

女人：他進了精神病院。

父親緊握著拳頭，雙手舉在自己面前。母親在顫抖。兒子想去父親那裡，但是海寧格阻止了他。

　　過了一會兒，海寧格讓母親躺在地上。父親也躺在地上。然後他們擁抱在一起。海寧格讓兒子去到他們那裡，擁抱他們。父親和母親開始哭泣。兒子撫摸母親。稍後海寧格把兒子從父母身邊帶走。兒子站起來，海寧格讓他轉身離開父母。

然後海寧格選了一個男人，並讓兒子站在這個男人面前。

海寧格：我選擇你，你是命運。

對兒子說：對他鞠躬。

過了一會兒：再次回頭看，看你的父母。這個畫面是你帶入你心裡的，現在再轉過來。

海寧格讓命運者站在兒子的背後。

海寧格對兒子說：你現在怎麼樣？

兒子：很好，我在這裡覺得很安寧

海寧格：現在我在這裡停下來。感謝代表們。

對養父母說：你們現在心裡有一個畫面了嗎？

女人：是的，謝謝你。

海寧格：但你什麼也不要對他說。將他交托給他的父母，正如你在這裡所見。現在你也可以帶著尊重和愛來看待他們。這對所有相關的人來說，都是一個沉重的命運，但是到最後看看他們擁有多少愛！他很安全。你不需要將他與他的父母分開，好嗎？很好。

海寧格對大家：當然，然後我會想，這個孩子的父親捲入了怎樣的生死攸關的牽連，他的家庭到底發生了什麼？這個孩子面臨、或曾經面臨，可能成為謀殺者的危險。也許這個父親之所以會陷入這樣的情形，是源於某些牽連，因此他也是不自由的。在這裡你可以看到，好與壞變得越來越難以區分。

我想我們今天可以在這裡結束。今天是很豐富的一天，這也需要沉

澱。如果你們不再去談論，而是讓這一切融入你的靈魂會更好，可以嗎？很好。

●進一步評論

海寧格：關於這個排列我想說點其他的東西。事情透過畫面起作用，我們所企圖的任何解釋，都會傷害那個畫面。任何談論分析都會搶奪畫面的力量。這個畫面是靈魂的畫面，來自靈魂深處。如果我們透過理解來進入這個空間，帶著某些範圍的詮釋，靈魂就會退縮。

現在我們可以讓這一切再次通過我們內在的眼睛，讓所有今天顯現的事物再度呈現。靈魂多麼深遠啊！每個人陷入了廣大的牽連！這裡所發生的一切，讓我們看到，每個家庭的特殊性是多麼大！如果我們可以領會這一點，就會變得謙卑。由於這樣的謙卑，我們可以更適切地應對沉重的命運，也可以更適切地面對有著沉重命運的人們。於放鬆自在中，我們信任更偉大的力量。

我用一個小故事來總結和結束今天的工作，我不知道我為什麼會選擇這個故事，但這個故事會對某些事有益。故事叫做「道路」。

●道路

有個兒子來到他的老父親身邊請求他：「親愛的父親，請在你出門之前祝福我。」父親說：「我的祝福是，我會陪你在知識的道路上走一會兒。」第二天，他們一起出門，穿過狹小的山谷，他們爬上一座大山。

在他們到達最高點時，天色已晚，但他們視線所及的整個大地都籠罩在光芒裡。

帶著燦爛壯麗的光輝，太陽開始西下，然後黑夜降臨。但當黑暗

圍繞他們時，滿天繁星在閃耀。

強姦的後果

海寧格對一個女人說：現在輪到你了，是什麼事情呢？

女人：我是被收養的，我出生於1947年，出生後和我的母親一起待了四個星期，半年後我被收養了。三年前我找到生母，還有兩個同母異父的弟弟和妹妹。

根據文件，我發現我是一場強姦所生下的小孩。我的母親曾經在1946年四月被兩名波蘭士兵強姦。沒有人提起過我的父親，我也從來沒想過他。我的一生很可能就會這樣過下去。

海寧格：這些訊息足夠了。有人在課堂中對我說：「我是一場強姦所生下的小孩。」我回答他說：「對你而言，這是一個祝福。」

女人：是的。

海寧格對團體說：我們必須這樣看待這件事。我曾經在荷蘭做過一個排列。一個男人說：「我的祖母曾經被九個俄羅斯人強姦。」然後我把這九個俄羅斯人排出來，也把祖父加了進來。祖父根本不看他的妻子。他看向遠處，可能是看著他死去的同伴。他的妻子站在強姦者的旁邊，說：「至少他們是看著我的。」

我來做一個簡單的排列。我需要兩名士兵，還要一個人代表她，一個人代表她的母親。

海寧格將女人的母親排在兩名士兵的對面，把她的女兒放在這一點的地方。

　　母親站在那裡，緊握拳頭。其中一個士兵把手伸向她，這個母親緩緩地走向他，握住了他伸出的手。女兒走向母親，站在她身旁。

　　這個士兵用右手擁住她，然後他們擁抱在一起，她把她的頭靠在他的肩上。然後她撫摸他的臉，他們輕柔的擁抱。女兒退了出來，第二個士兵也退了出來。母親站在第二個士兵的身後，他轉過來從後面抱住她。第一個士兵跪了下來，大聲地哭泣。

海寧格對女人說：你感覺怎麼樣？

女人：很好。

海寧格：你在看哪裡？

女人：看父親。

海寧格：是哪一個？

女人指向那個在地上哭泣的士兵。

女人：他。

海寧格：好吧，我在這裡結束。

對團體說：奇怪的事情顯現出來了。

對女人說：你怎麼樣？

女人：我還不錯。

海寧格對團體說：有誰能揭開愛的秘密？有一件很重要的事情要知道，一個拒絕男人的媽媽，她也會拒絕自己的孩子。

對女人說：所以她才把你送人。那麼你如何能變得完整呢？透過把父親放在心裡。你是他的一部分。這樣可以嗎？我們可以這樣結束了嗎？好吧，很好。

殘疾的孩子

海寧格對團體說：繼續。

對這位有殘疾孩子的母親說：你的孩子怎麼了？孩子有什麼殘疾？

母親：從醫學上來講，這是一種遺傳性的新陳代謝的疾病，人生沒有什麼期待，也沒有治癒的可能。

海寧格：孩子現在幾歲？

母親：十歲半。

海寧格：是男孩還是女孩？

母親：男孩，名叫馬丁。

海寧格：他的父親現在怎麼樣？

母親：我們分開七年了，但是我們每週都輪流照顧孩子。他完全地支持他，也完全地支持我。這些年來，他一直在我們身邊。

海寧格：現在你的苦惱是什麼？

母親：我持續出現不好的良知，為了想要放棄他而感到愧疚，這種感覺總是揮之不去。我知道他現在被照顧得很好，但我就是沒辦法擺脫這種感覺。

海寧格：我想我曾經在一本書裡提過，一個母親和她在育幼院的殘疾孩子的故事，那個故事令我很感動。

現在我們來看看這個，我也把你排入排列，就站在那裡。

海寧格選了一個殘疾孩子的代表，讓他站在母親的對面。

　　殘疾孩子站在母親的對面，過了一會兒，海寧格選出一個父親的

代表上場，父親看著孩子，然後母親往後退。父親朝著兒子靠近幾
步，伸出右手，撫摸兒子的臉。然後他縮回手，慢慢地萎在地上。他
張開兩隻手臂，眼睛看著地面。男孩也去到地上，跪在父親旁邊，做
同樣的動作。母親哭了起來。然後父親伸手摸孩子的頭，撫摸了很長
時間，他一邊這樣做一邊繼續看著地面。

海寧格對母親說：你知道這意味著什麼嗎？

母親說：這裡所發生的和我沒有關係。

海寧格：你丈夫的家庭發生過什麼事？

母親：馬丁的爺爺有一個兄弟很早過世，我知道的就這麼多。

海寧格：有很大的東西在這裡運作。

母親搖頭。

海寧格：這病從何而來？是遺傳病？

母親：這病是從父母雙方遺傳而來。是一種基因缺陷。

海寧格：是來自他那邊和你這邊？

母親：是的，是從我們雙方來的。

海寧格讓她跪在他們父子兩面前。父親仍然緊緊地拉著兒子。沒有和
兒子從地上站起來，他對孩子的母親伸出一隻手，母親也抓住了父親
的手。父親還是緊緊地拉著兒子。兒子看著父親。然後，母親也撫摸
兒子的頭，後來她又再度縮回她的手。

父親跪立起來。父母都用一隻手撫摸兒子的背，另一隻手互相環
抱。

過了一會兒丈夫用一隻手撫摸妻子的臉，她把頭倚靠在兒子身上。

海寧格：我想可以在此結束。

對母親說：一種愛透過這樣的方式，被現實賦予使命，是如此的偉大和充滿力量。這樣深沉的愛，是普通的愛無法企及的。

　　你們兩當然應該復合，是愧疚阻擋了你們。無論如何，你可以好好朝向自己的生命道路，一切都會沒事的，這樣行嗎？

　　好吧，祝福你。

●故事：自由

海寧格對大家：我給你們講一個小故事。

一個學生問大師：請告訴我什麼是自由。

　　哪種自由？大師問。

　　第一種自由是愚昧。就像一匹馬嘶鳴著，想要把騎馬的人甩下來，然而這麼做牠卻只會使得支配著牠的騎馬人，從此以後將牠拽得更緊了。

　　第二種自由是後悔。這就像船隻失事，可是舵手還繼續留在船上，而不是去搭救生艇。

　　第三種自由是洞見。遺憾的是，這種自由總是跟隨在愚昧和後悔之後。這就像風中搖曳的蘆葦，它柔弱地放棄掙扎，因此它可以屹立。

學生問：僅此而已嗎？

大師答：有些人認為，他們在追求自己靈魂的真相。但事實上，是偉大的靈魂透過他們來追求和思考。就像大自然，偉大的靈魂可以承受很多的錯誤，因為無心（false player）的參與者在任何時候都可以毫

不費力地被替換。而對於那些允許偉大的靈魂透過他們思考的人，有時候他們會獲准有一小片空間去移動。如同游泳的人允許自己順水漂流，靈魂便和他一起合作，到達新的彼岸。

督導（Supervision）

海寧格：現在我們來看一些有關督導的案例，有誰想提出一些有關督導的案例？

被火燒傷的男孩

海寧格對一個看護者說：這個案例的議題是什麼？

看護者：我照顧一個男孩有十年了，他在三歲那年受到嚴重火傷，飽受折磨，他的生還是一個奇蹟。他的母親死於那場火災。他在三年前才見到他的父親，但是他們之間並沒有聯繫。

海寧格：為什麼這個孩子不認識他的父親？

看護者：父母分居。母親把父親趕出家門。起初，孩子和祖父母一起生活。他那可怕的外表令他飽受排斥，讓他經歷了很多的創傷。

海寧格：那場大火是怎麼起的？

看護者：可能是他引起的。

海寧格：這個男孩？

看護者：是的。他住在一個沒有人看護他的社福之家。母親吸毒，當時的猜測是他玩火導致火災。

海寧格：誰引發的火災？

看護者：當然不是他。

海寧格：顯然是孩子的母親。在這種情形下，我們永遠都不能去責備孩子。他現在多大了？

看護者：十八歲。

海寧格：還有其他問題嗎？

看護者：他和我們一起住了十年。是他自己選擇了這個家，他想要來。直到目前為止，他做了一切：上了學，學了一門職業。但他感覺不到生命的喜悅，有抑鬱的傾向。我總覺得：是那些過去未能解決的問題使他無法釋懷。

海寧格：為什麼這些年父親都沒興趣來聯繫他？

看護者：我們不知道。

海寧格：有嘗試過聯繫他嗎？

看護者：祖父母有過。但是，他們為了保護孩子而對這件事有所控制。

海寧格：他得和他的父親在一起。從最開始他就應該和父親在一起，不是別人。好吧，就是這個案例了。

海寧格在一個很長的對談之後說：現在我們來繼續這個被火燒傷的孩子的案例吧。我們要排出這個孩子，母親和父親，還有外祖父母。我來選代表，然後你來排。

母親站在孩子的面前，她的父母站在她身後。父親獨自站在一邊。男孩把一隻手放在自己的腹部，然後雙手移到他的嘴上和喉嚨上。母親雙手放在她的胸前。她父母站在那裡，雙手緊握，尤其是她的父

親。過了一會兒，海寧格讓她轉過來面對她的父母。同時男孩的父親走到孩子身邊。父親和孩子輕柔地擁抱。

海寧格：排列到這裡已經足夠。母親的父親有一股謀殺的能量。過去一定發生了什麼事情。看看他的拳頭。這個男孩必須去到他的父親那裡。他不能和母親在一起，因為那裡有太重的謀殺能量。

海寧格對外祖父說：你怎麼樣？

男孩的外祖父：一種巨大的憤怒。幾乎是難以理解的憤怒。還有冰涼的顫抖。

海寧格：當時發生了一些事情。這就是問題所在。好嗎？好，謝謝大家。

對外祖父的代表說：要從這情境走出來最好的方法是：你對所代表的人稍微鞠躬，然後轉身離開。好嗎？好吧。

過了一會兒，**海寧格**對看護者說：你知道你可以對這個孩子說什麼嗎？被火燒總比成為一個殺人犯好。

夢想的父親

海寧格對兩個看護者說：你們的議題是什麼？

第一個看護者說：在我們的機構裡，我們和四個兄弟姊妹保持了十年的看護關係。他們各自的發展非常不同、也非常地困難，這也令收養家庭很難為。我們的評估認為，收養父母並沒有發自內心地、真正尊重原生家族系統，而只是一個口頭承諾。

另外，原生家庭也有很多問題。這個家庭有很多死去的人。我說

過，這個家裡有四個孩子，其中兩個是男孩，這兩個男孩已經試圖自殺過，令自己處於危險和犯罪的道路上。兩個女孩選擇的人生路線稍有不同，但也都沒有健康發展。

海寧格：所以是兩個男孩和兩個女孩？

第一個看護者：是的。

海寧格：你對原生家庭的情況有何認識？

第一個看護者：孩子的母親一共和三個男人生了六個小孩。和第一個男人生了頭兩個孩子，一個男孩和一個女孩。這三個男人全都進了監獄。因為酗酒，暴力等類似問題。最明顯的是：頭兩個孩子的父親，他的原生家庭裡有十三個孩子，其中十個早逝，死於戰爭，逃難，飢餓以及其他的意外。

海寧格：我來和你一起看看是怎麼一回事。我分開來做，一次只看一位父親的孩子，因為父親們有著不同的命運。那麼，我們從你最後提到的，從那個有十個孩子去世的家庭開始。

這個父親為什麼進監獄？

第一個看護者：官方來說，是因為他總是晚繳孩子的撫養費。

海寧格：這當然只是官方的說法。那麼真正的原因是什麼？

第一個看護者：大家對此完全沉默。我們只知道表面的。

海寧格：他在監獄多久了？

第一個看護者：大約兩年。

海寧格：有這樣的事情嗎？因為不付撫養費就進了監獄？有這樣的事情嗎？關這麼久？我對這些不是很清楚，我需要問清楚。

第一個看護者：關於這點還有另一個故事。母親當時懷了第二個孩子，已經七個月了，這個男人想要她回到他身邊。他們之前已經分手。他拿著槍站在公寓前面，告訴她：必須回到他身邊。威脅她說：

我要你回到我身邊。因此孩子提前出生，早產兒大約只有1000克重，在二十年前，這種早產兒的存活非常困難，但是，這個男孩活了下來。

海寧格：大一點女孩是他的姊姊？

第一個看護者：大一點的女孩是姊姊，兩個人相差一歲。

海寧格：父親的父親怎麼樣？

第一個看護者：父親的父親也是酗酒和暴力。家庭關係緊張，但是更多的我們就不知道了。

海寧格：所以，這就是那個死了十個孩子的家庭？

第一個看護者：是的，是這個父親的孩子。

海寧格：這兩個孩子是母親最大的孩子？

第一個看護者：是的，也是父親最大的孩子。當時這對父母很年輕，一個十九歲，一個二十歲。

海寧格：我會從父親和母親開始。

對看護者：選他們的代表，把他們排出來。

第一個看護者選出父親和母親的代表，將他們排在彼此的對面。他們之間沒有動作。

　　海寧格選出一個女人代表他們最大的孩子，把她排在父母身邊。過了一會兒，父親走向母親，對她伸出手，她稍有遲疑，還是走向他，頭靠在他胸前，兩個人都一起看向女孩。

海寧格過了一會兒對這個女孩說：你怎麼樣？

女孩：我幾乎沒有辦法看著他們像那樣。我心裡感到憤怒。我不相信他的微笑。我想對他說：不要對我撒謊。我感到頭很暈。

海寧格對第一個看護者說：這兩個人之前有其他的關係嗎？

第一個看護者說：嗯，這個母親曾經被她的父親虐待。

孩子的父母看著彼此微笑。

海寧格：從整個移動來看，問題不在父親這裡，很清楚地是來自母親。

海寧格選出一個母親的父親的代表，並把他排在她對面、隔一段距離的地方。第一個男人更緊地抱住孩子的母親。

海寧格讓這個男人站在更遠處，這樣這個女人就面對她父親。母親開始搖晃。海寧格將手放在她背上。她摀住臉開始哭泣。

海寧格對母親說：看著他。

她慢慢地走向她的父親，摟住他的脖子。他們緊緊地擁抱很久。

海寧格過了一會兒對女孩說：現在怎麼樣？

女孩：我很高興看到這些。

過了一會兒，母親和她的父親看著彼此，母親想要從她的父親那裡離開。

海寧格對母親說：跟隨你的感覺移動。

*過了一會兒，***海寧格**說：動力是往另一個方向，低下你的頭。

又過了一會兒，**海寧格**說：好，現在往後退。

她慢慢地往後退。海寧格將她的女兒排在她身邊，兩人互相搭著肩。

海寧格指著女兒的父親。
海寧格對母親說：告訴她，這是你的父親。
母親：這是你的父親。
海寧格：在這個母親心中的畫面是：她自己的父親也是她孩子的父親。而她的女兒也有同樣的畫面。

海寧格選了一名母親的母親（外祖母）代表，把她排在離丈夫有些距離的地方。女孩站在這個外祖母代表前面。她（外祖母）不看外祖父。

海寧格：她（外祖母）根本不看她的丈夫。

現在這個女孩的父親慢慢地走向妻子的母親（外祖母）的代表，他們輕輕的擁抱。

海寧格：當我們看著這所有的一切，可以看到很奇怪的關係。
過了一會兒，**海寧格**說：我在這裡打斷吧。在這裡所有的事情都顛倒了。謝謝你們。
對兩個看護者說：你們的工作很艱難。
第二個看護者：作為一個機構，我們除了收集訊息，其他什麼也做不了。即使在個案會議上，養父母也從來沒真正地看一下這個狀況，毫

無辦法。

海寧格：這些孩子並沒有託付給一個好的人家。但是，至少你更瞭解這個女孩的情況，瞭解她捲入了怎樣的牽連。

父親：再也沒有什麼把我和女兒分離了，在母親那邊有些可怕的事件，那是明顯而強烈的。

海寧格：現在我們必須讓這一切休息。也許這樣，透過善意的理解，一些能幫助找到另一個方法的東西，會在靈魂裡出現。

加害者與受害者

看護者：你能大概談談有關加害者與受害者的事情嗎？根據這裡多次的強調來看，好與壞顯然並非如表面所見。你能否就這點多談一些？

海寧格：事實上，好與壞，常常和表現的相反。在這個家庭裡我們可以看到：這個負面的能量來自母親，還有母親的母親。

看護者：我的問題是，我們必須和加害者經常打交道，或者說我們的工作是和他們相關聯的。加害者們總是被排斥，施虐者們也總是被排斥。看起來這全錯了。必須有一些其他的方法，因為用這樣的方法毫無用處。

海寧格：與加害者連結的唯一方法，就是在我們心裡給他們一個位置。然後他們才會變得柔軟，和從前不同。任何攻擊都會讓他們變得更加僵硬，我們必須非常小心。我給你舉個例子：

多年前，我在瑞士辦了一個課程。一個社工告訴我一個女孩被她的祖父和叔叔虐待。這個社工想要報警。我警告他不要這麼做。如果

加害者被告發，這對孩子是一件糟糕的事。

幾年以後我又遇到了他，他告訴我那兩個人被判刑了。然後我問他女孩怎麼樣？他說她一直想跳樓自殺。

這就是告發所能成就的事物。受害者是忠誠的，即使表達這種忠誠是被禁止的。我們在這裡看到，一般輿論壓力會說這是一件恐怖的事——所以他們不被允許表現出愛。

我不想去粉飾它，但最糟糕的並不是發生了虐待事件，而是人們或團體對事件的情緒和反應，阻攔了孩子表現他們的真實感受。這是相當清楚的：孩子有非常深的愛。只有承認這點，我們才能做些其他的事物，把孩子從牽連裡釋放出來。在這類事件中，這是非常重要的一步。

我給你們舉個例子。在墨西哥，我們給一名大屠殺倖存的女人做排列。她非常具有攻擊性。然後我排出受害者和加害者的代表。她站在加害者的面前挑撥他們。其中一個加害者對她說：「只要你這樣看著我，你看得越久，我就越強大，當你變得謙卑，我才沒有辦法再堅持下去。」

大多數的加害者都是有優越感的。當社工在加害者面前有優越感的時候，他們也會變成加害者，就像那個加害者一樣。優越的感覺，具有讓我們變成加害者的作用。我們也有攻擊性的情緒，所以我們把加害者拖到法庭，用這樣的方式與他們鬥爭，我們變得和加害者一樣。我們必須非常小心，在這種情況下，我總是將注意力放在孩子身上。我問我自己，孩子靈魂正在發生什麼事？當然這並不意味著我主張不透過法庭處理這些事件。這是兩件不同的事。一個是政府的事，但是對孩子負責的人，不能混淆兩個範疇的事。一名看護者不能在嘗試去關心孩子的同時，又進入起訴方的角色，唯有透過這樣的方式，

我們才能去幫助。

看護者：我有個關於站在那裡的那些代表的問題。當一個人被選作受虐的女性代表，而她自己也曾經是被虐待的，那麼她會和那些沒有受虐經歷的代表，表現得有所不同嗎？這會使排列有所不同嗎？

海寧格：通常不會有什麼不同。如果是這種情況，她也可以透過當代表的經歷，解決她自己的問題。

墮胎

海寧格：還有誰有督導的案例？你有什麼議題？

看護者：在過去半年裡，我一直在照顧一個家庭，是一個有三個小孩的很年輕的家庭。孩子的父母雙方都是在育幼院長大。他們所生最大的孩子曾經在寄養家庭待過短暫時間。這個家庭裡的氣氛非常緊張，有巨大的壓力，所以孩子的行為表現就像訓練過的動物。父親回家的時候，連他們家的狗都閃開。

海寧格：父母雙方有過其他的關係嗎？

看護者：沒有，他們很年輕就在一起，另外還有許多關於有些孩子被送人，但是父親並不知情的故事……。

海寧格：不、不、不，我還是同樣的問題：他們之前有過其他關係嗎？

看護者：沒有，我們不知道。

海寧格：很明顯，這個男人必須代表女人家庭裡的某個人。

看護者：也許是她的哥哥，他進了監獄。女人的母親結過五次婚，後來還有兩個以上的伴侶。她前兩次婚姻的孩子被帶走、收養。女人的

母親有兩個孩子，其中一個就是這個女人，另一個是因為吸毒而進監獄的哥哥。然後還有一個孩子來自後來另一個……。

海寧格對團體說：她沒有說到的是誰？

看護者：兩個人的父親。

海寧格：正是，他是很重要的一個人。任何沒有被提到的事，都是重要的事。

這些訊息對我來說夠了。現在我們開始排列：父親，母親，還有三個孩子，一條狗，因為這條狗也是一個代表，這是當然的。

女人的代表，雙手緊緊壓住耳朵。最小的孩子倒下來，躺在地上。海寧格選出女人父親的代表，把他排在女人面前。她還是摀著耳朵，然後轉過身，離開場中心幾步。

海寧格選出女人母親的代表，把她排在女人父親的旁邊。

海寧格對女人說：轉過身去，睜開眼睛。

她還是用雙手緊緊的摀著頭。

海寧格對看護者說：看這個反應，一定曾經發生過可怕的事。

海寧格對女人說：你看到什麼？

女人：我的頭，被打，頭碎了。

海寧格選出一個女性代表，讓她躺在女人和她的父母中間。女人仍然雙手摀著頭。然後她往後退，她的母親走向她。女人從母親身邊逃

跑，母親追著她。當這個女人經過她的丈夫身邊，他抓住她的胳膊，緊緊的抱著她。

海寧格對女人的母親說：看著地面，看著地面，看著這個躺著的死去的女人。

女人的母親轉身走向死去的女人，然後她跪下來，撫摸她。過了一會兒，女人把手從頭上放了下來。她靠向她的丈夫，他們擁抱在一起。

海寧格稍後對第一個孩子說：你有什麼事？

第一個孩子：我想要離開，我想要離開這裡，我不想看那兒。我想要倒下，又想努力堅持下去，我想要脫身。

海寧格對看護者：這個家庭裡有謀殺案，我們可以從第三個孩子跌落在地上的反應看出來，問題只是謀殺發生在哪裡？

看護者：我只知道在她之前還有一個流產的孩子，其他的我一概不知。

海寧格：我在這裡停下來，就在這個地方打住，感謝所有的代表。

海寧格：狗感覺怎麼樣？

狗代表：我和主人的感覺一樣。

海寧格對團體說：所以，關於排列的進行方式，我曾停下兩次，沒有嘗試去做進一步的調查。這就是適合的步驟。只要沒有進一步的移動，就停下來。停止是一種療癒的方法。我們承認那些為我們而設的界限。通常我們在能量的頂點停下來，然後有東西開始在靈魂裡移動。不是在我們的靈魂裡，而是在系統的靈魂裡開始移動。我們必須信任這點。我們收到了一個關於頭部的很重要的訊息片段，有個跟某

人的頭部有關的事物。我會很認真的看待這件事物。然後我們靜觀其變。有些東西已經開始動作，這對於開始來說已經足夠。

對看護者說：我越來越敬仰你所從事的工作了。

提出這個案例的**看護者**：我還有一個很短的問題。這個父親很有攻擊性，言語的攻擊。這件事和這裡發生的事情有關嗎？還是和他自己的原生家庭有關？因為他發現自己總是和人鬧翻，搞砸所有的事物，他擔心他可能會殺人，然後被迫不停的逃亡。

海寧格：他當然也有一些特別的狀況。但他是比較平靜的一個。可是他必須注意在伴侶關係裡的奇怪現象，有人可能會去承擔另一個人的重擔。這個有時候可能極端到伴侶中的一個人會代替另一個人自殺。我們在這裡必須要很小心。對我來說有一點是很清楚的，我們要從母親開始。很多時候，是要從另一個方向來入手。你想要從父親開始，但在此卻要從另一個方向開始。

看護者：我還有一個關於系統排列的問題。對於個案的家庭想要知道排列揭示了什麼，我該怎麼處理呢？他們沒有來，但肯定會問問題。我們該如何處理這個情況呢？

海寧格：確切地告訴他們這裡發生的一切，並且不要有任何評論。一個孩子倒下，一個轉身走開，一個捧著她的頭，就是這樣。只告訴他們發生的事，沒有進一步的問題，然後靜觀其變。

看護者：沒有任何評論嗎？

海寧格：沒有評論，這是非常重要的，只說發生的事。

墮胎（繼續）

看護者：我有個關於墮胎的後果的問題，這也是因為我在懷孕衝突心理諮詢領域工作。或者墮胎時期會使結果有所不同嗎？我聽到有人問：是什麼時候墮胎的？

海寧格：如果是一個後期的墮胎，那就和謀殺的經歷一樣。如果是早期墮胎，那麼並非總是等同謀殺。有些時候經歷有所不同，但有些奇怪的連結。

　　我曾在俄羅斯的莫斯科有個課程，有一對夫婦說他們生不出孩子，他們想要有孩子，問我是否能夠幫助他們。

　　我看著這個女人，她看上去很開心，我告訴她，她明顯並不想要孩子。我問她：她的原生家庭有什麼問題，然後她變得很嚴肅。她的母親有八次墮胎。然後我選出八個代表坐在地上，她坐在他們旁邊。她在那裡感覺很好。然後我讓他們都站起來，讓所有被墮胎的孩子都站在她的身後。我把她的丈夫排在她身邊，還有他們未來孩子的代表站在他們的前面。

　　非常明顯，她從她被墮胎的兄弟姊妹那裡，獲得勇氣和力量，想要擁有自己的孩子。因此所有這些被墮胎的孩子都歸屬於家庭。

　　另一個例子，在義大利維洛那的一個課程裡，一個女人說她害怕她的孩子可能會死。我排了她、她的丈夫和她的兩個孩子，在他們面前排一個代表死亡的男人。這個男人立刻跌在地上，坐在那裡。這不是死亡會做的事。很顯然這個男人是代表一個孩子。然後我問這個女人：在她母親的家庭裡發生了什麼事，她說她母親有過九次墮胎，她

還以此誇耀。

我們排了九個被墮胎的孩子，把他們的母親排在他們的身後。很快，這個母親開始痛哭，並坐在被墮胎的孩子們身邊。很明顯，這個女人恐懼的是她母親的死亡。從這裡我們便可以為她找到一個解決方案。

墮胎會在人的靈魂裡留下深深的痕跡，非常深的痕跡。通常這是被人否認的，總是有著很合情理的理由去否認，可是靈魂不聽這些理由。我們說，有時候墮胎就像一種避孕法，比如在日本就是這樣。可是體驗仍然就像我們在這裡看到的一樣，沒有區別。墮胎在靈魂的經歷裡是一種深切的干擾。

被墮胎的孩子歸屬於這個家庭，他們的體驗也是這樣。如果這一切都被揭開，並且孩子也被包含在家庭裡，就會有一個非常有益的作用。

原諒與迫害

看護者：我有個簡短問題，關於原諒與司法起訴的區別。在我的工作中，有個女人在離婚之後，被騙走所有的錢。她無法找到安寧，因為她不斷的用同樣的問題拷問自己：我該把他送上法庭嗎？或者我該放過這件事？她帶著這個問題，日夜不寧。我不知道該如何給她建議。

海寧格：你必須建議她，讓她去說：「我知道你是個什麼樣的騙子，現在我接受這個結果。」然後她就可以找到安寧。

看護者：但是她堅持說她不知道該怎麼做。

海寧格：我們該排出來嗎？好吧。

海寧格選出一個女人的代表，男人的代表，和錢的代表。

錢的代表堅定的站在男人的面前，雙手叉腰，看著男人。女人退後很遠。錢看著男人，擺著一幅勝利的姿態。男人左右搖擺。女人轉過身，想要離開。男人和錢站在彼此的對面，錢仍然是勝利的姿態。

海寧格對看護者：好吧，現在你只需要想像：如果這個女人得到金錢，會發生什麼事物？

海寧格叫女人的代表回來，把她排在金錢的對面。女人很震驚，雙手舉在胸前擋住什麼東西。

海寧格對看護者：還有一些其他很重要的東西。我會問她：你的家庭裡還有誰損失了很多金錢？她在暗地裡是忠誠於這個人的。

一個處於危險的孩子

海寧格：關於今天早上的所發生的事，你還有什麼要補充的嗎？好吧，還有誰有督導的案例？你嗎？

好吧，是什麼事？

看護者：我在一個效仿家庭組成的教養機構裡面工作，也就是說我負責這個團體，照顧四個孩子。這個督導的案例，主要是關於其中最大的十六歲男孩，他現在變得越來越有攻擊性。我注意到這使得團體也越來越難以應付。

海寧格：他多大？

看護者：十六歲。

海寧格：他父母的情況呢？

看護者：他和他父母沒有聯絡。這十一年以來，在他的要求下，他見過他母親一次。他打過幾次電話給她，然後就漸漸失聯。

海寧格：他來到育幼院的時候是多大？

看護者：孩子們從他父母身邊被帶走，他和兩個兄弟姊妹一起來到這裡。另外三個到其他的育幼院去。

海寧格：為什麼要把他們從父母身邊帶走？

看護者：父親犯罪，偷竊，幾種罪行。然後一天晚上警察開著警車，鳴著警笛，把這些孩子從父母身邊帶走。

海寧格：母親怎樣？

看護者：母親也在監獄裡待過短暫時間。

海寧格：為什麼？

看護者：似乎在這些案件裡，她是幫凶，另外在家裡曾有暴力事件發生過。

海寧格：這是什麼意思？發生了什麼？

看護者：薩沙肯定是被打了，他背後有煙頭燒傷的烙印。他就是個出氣筒，有一次一個非法機構準備販賣他。

海寧格：我們來排列：父親，母親，還有兒子。

海寧格把父親排在兒子對面，保持一定距離。但父親看向旁邊。母親站在遠離家庭的地方。過了一會兒，海寧格指示父親離開家庭，朝他所看的方向更遠的地方走去。

海寧格對父親：這樣好一點，還是更糟糕？

父親：好一點。

海寧格對兒子：你覺得怎麼樣？

兒子：他走後有好一點。我要撐住，我問自己：他們想從我這裡得到什麼？我有敵意的態度。我不知道這裡究竟是怎麼回事。

海寧格對看護者：你知道父親的原生家庭有什麼事嗎？

看護者：我不知道這個家庭發生什麼，但是，總而言之就是非常混亂。

海寧格：那邊怎麼樣了？之前我有一個衝動，想要告訴你去站在你覺得適當的位置。你想站在哪裡？跟著你的感覺走。

看護者站到兒子的右邊。

海寧格對父親：再回去你原來的位置。

過了一會兒，**海寧格**對兒子說：她站在這裡，你覺得怎麼樣？

兒子：很奇怪，好像有空氣從我的身體裡抽離。剛開始使我變得虛弱，即使如此，在某種程度上卻感覺很好。

海寧格將看護者排在父親旁邊，在父親的右邊。

海寧格問兒子：現在感覺怎麼樣？

兒子：這樣很好。

海寧格對父親：你呢？

父親：之前我想說：「我無法意識到有什麼不正當行為。」可是當她站過來以後，我感到無法逃脫。

海寧格對大家：我剛才展現的是系統連結。如果助人者站在最被排斥和鄙視的人身邊，就是成功的，會有最大的效果。在這裡我們可以看到，我想我可以在這裡結束。

如果你能讓孩子了解，他可以尊重他的父親，孩子會感覺比較好。我們可以看到父親有自殺傾向。他的方向告訴我們他必須離開。在他的家庭裡肯定有些沉重的事物。我把這些都考慮在內，我就能夠理解並尊重他。這個男孩馬上就變得不一樣。好吧，就這樣。

總是那些沒有被提及的，被躲避的和被當成惡魔一樣的家族成員，需要在系統中擁有一個位置。一旦被排除的人獲得一個位置，系統整體也獲得療癒，因為系統再度變得完整。每個人都能夠找到一個新的方向。

看護者：所以他離開並感覺很好，這個事實並不意味著這個男人不是他的父親？

海寧格：從男孩的反應來看，這個男人就是他父親，不然他不會牽涉這麼深。通常「想要離開」最簡單的意思就是自殺，為了某些原因他想要消失。

當有人處於極度恐懼狀態，沒有選擇的時候，便會出現這種移動。在靈魂當中，父親是所有人中最悲慘的。

看護者：如果有人支持他聯絡父親，會不會是一個好主意？或者太多餘？

海寧格：你只需要對孩子說：「我尊重你的父親。當我看著你，我想，你有個適當的父親。」說點這樣的東西，一個小評論就可以。但是，你甚至不需要說這些，無論如何，你回去以後都會改變的。

被衡量的行為

看護者：我並沒有一個直接的問題，但你也許可以關於這件事說點什麼。作為看護者的角色，根據我們所施加或不施加的影響程度，我們已經看到我們行為的後果。我還有一種揮之不去的感覺，就是怕會不由自主地去審判他人。然而這也是一項需要我去做的內在工作。

海寧格：今天有人給了我一本書：《小靈魂與上帝說話》（A Little Soul Is Talking to God）。小靈魂對上帝說：「我很想要有寬恕的心。」然後上帝問：「那麼你想原諒誰呢？」

小靈魂看看四周，找不到什麼需要被原諒的。上帝說：「在我的創作裡，沒有什麼是需要原諒的，更沒有什麼是需要審判的。」

最糟糕的是我們同情孩子，同情會大大地削弱他們。你看著他們的命運，尊重他們的命運。你不知道最後會怎麼樣。如果你介入，你有可能以一種與命運對立的方式介入。如果你只是帶著尊重存在，存在於他們父母面前，存在於更大的整體面前，然後也許過一段時間之後會有好事發生，然後你也會獲得安寧。許多人因為不斷嘗試幫助他人而令自己精疲力盡。如果你帶有尊重的態度，你將不會這樣輕易耗盡你自己。當然那還是會發生，有些情況下我們不得不消耗自己，但那不應該是一個持續的壓力。

我在工作時，或案主看著我時，有時候我會有一種態度。我會讓對方透過我去看。他眼光所注視到的便不再是我，而是透過我去看一個更加偉大的東西，然後我和這個人工作的時候，我讓背後那個更偉

大的事物流經我，流向這個人。有的時候我可能退到旁邊，這樣他們就可以彼此直接連結。這會使人放鬆。然後我們可以來看看當我們帶著這樣的輕鬆，那些和我們一起工作的孩子會怎麼樣？美妙的圖像是：我們讓陽光照耀，有時候要打雷，有時候要下雨，我們全都任由他們自來自去。

●應用群體動力

海寧格：我曾在南非負責一個教養機構，那是一所有140個男孩的寄宿學校，我們只有一個級長，他們靠自我管理處理好所有事。所以這是可以做得到的。

有人告訴我，在南非另一所寄宿學校，有一次所有看護者都病了，學生們必須自己管理所有的事，這是這個學校管理得最棒的一次。

我還可以告訴你一些關於我自己的事。我曾是南非一所很大的精英學校的校長，同時我還是一個很大的教區的牧師。在復活節和撒彌日的時候，一些男孩會回家，其他的留下來。

他們問我是否可以去德班（Durban）玩半天。我說可以，但告訴他們必須回來參加下午的禮拜儀式。作為牧師我需要他們當中一些人為社區教友閱讀，或作服侍，但是他們到晚上八點才回來。幾位要負責侍奉的人，鼓勵其他人逗留更久。而我，作為牧師，就必須自己做所有週四洗足禮的事。我當時剛成為這所學校的校長，所以他們是在考驗我。

現在我來告訴你們有關群體動力的應用。我所熟悉的集體動力的規律，以及我在這所學校所採用的定律必須被證明。結果，每一個班級都有一個他們自己從高年級選出的負責人，整個學校有五個，他們

一起運作整個學校。

　　這天晚上，我和同事把那幾個負責人叫到辦公室。我們坐在那裡，誰也不說一句話。十五分鐘過去之後，依然沒有人說半個字。他們不知所措。這就是群體動力的一個方法。

　　然後我說：「學校的規定被打破了，我們再也無法工作。問題是，我的同事和我是否還願意做任何事情，如果你們還希望我們能為你們做些什麼，你們必須再次說服我們。我們將給你們一次重建紀律的機會。」

　　第二天，他們召集了所有的學生，他們討論了該如何重建學校的紀律。然後他們給我們一個提議，但提議毫無價值。我說：「這不夠好。」然後他們又討論了四個小時，之後他們給我另一個提議：「我們會用假期中一整天的時間來清理運動場地。」我說：「我同意。」然後其中一個學生說：「所有這一切都是因為你們兩個沒有按時回來參加禮拜儀式。」我立即讓他退學，但是四週之後他被允許重新錄取。

　　他們開始整理運動場地，半天之後我說：「已經夠好了。」

　　後來，我在這所學校再也沒有紀律問題。

另一種愛

海寧格：現在我們離開督導的層面，進入伴侶關係的層面。然後所有人都立刻醒過來。現在我想要來做一些有關伴侶關係的工作，這樣你們回家的時候心裡會比較輕鬆。

　　首先我想講一些關於「另一種愛」。當男人遇到女人，女人遇到

男人，他們看著彼此，突然互相著迷，然後便發生一見鍾情。這種一見鍾情有多少力量呢？

當我們把能量和力量放在量秤上，從零到一百來測量，我們會將一見鍾情的愛放在哪裡？我的畫面是十分之一。因為一見鍾情的愛，是沒有看清楚的愛。我們並沒有看清對方，只是一個夢幻的印象。我不會進一步闡述這點。男女雙方看到的都是完美的母親形象，但這並非那麼重要。

當男人對女人說：「我愛你。」女人說：「我愛你。」這裡只有很小的力量，這種愛無法持久。

但我們可以說點不同的，那麼就會是另一種愛了。男人可以對女人說，女人也可以對男人說：「我愛你，我也愛那引領我們的一切。」突然，眼光就會向更偉大的層面打開，透過一種特別的方式，延伸至以慈愛看著他們的存在裡。這句話的含義會在時間的進程裡顯現出來。

也許這另一種愛，會指引這對伴侶結伴同行一段時間。特別是如果他們有孩子，這另一種愛會在一條特定的道路上引領他們很長的時間。有一種可能會發生的情況是，經過一段時間，有些事會從後台移到面前，比如一個孩子殘疾了，突然，一些遠遠超過一見鍾情的力量佔了主導地位。然後他們可以跟對方說，比如：「我愛你，還有我也愛那引領我們的一切。」他們看著孩子，告訴孩子說：「我愛你，還有那引領著我們的一切。」父母兩個人都這樣說，然後，突然一個完全不同的領域顯現出來。也有一個可能是，一段時間之後，指引的路漸漸清楚的表示他們要分開各走各路，如果他們希望與那個更偉大的事物一致的話，他們必需分開。這事對他們來說變得無可逃避。

然後他們對彼此說：「我愛你，我也愛那引領我們的一切。」雖

然他們的道路分開，這種愛依然存在。

　　這就是另一種愛，我也稱它為：二見鍾情。這時，實相可以圓滿完整地展現出來。

　　我們也可以應用到孩子身上，對於你今天為我們展現的沉重的案例，你可以說：「我愛你，我也愛那位一直引領我與你的。」（I love you and that which guides you and me.）

　　有時候我注意到，我沒有被可以幫助任何人的事物所引領。當事人被一些事物所引領前進，我卻被引領後退，意思是：我繼續站在前面，但沒有任何行動。然後狀況就被提升到一個更加偉大的連結。我們任其發展，因為正在發生的一切已經不再屬於個人。更加偉大的命運，已經參與整個事件。最後我們在看待沉重的事物時，變得輕鬆很多了，可以去面對。

　　對很多案主來說，如果我們不去介入他們特別的命運，他們就會得到很大的釋放。基本上，這些就是我想說的全部。

●伴侶關係

海寧格：但是回來談伴侶關係。我們不是只和一個人結婚，關係涉及到我們的伴侶，伴侶的家族成員，以及伴侶家族的命運，這些因素都帶給了我們伴侶界限和有限的選擇空間。隨著這段關係的進展，細節便會慢慢顯現出來。然而當我們的伴侶關係正在面對這點時，便會好像正在經歷死亡的過程一樣。一些多餘的東西消失了，一些過去的東西或者幻覺也都消失了。每一次爭執過後，都令伴侶雙方自身體驗到，從幻覺裡得到淨化。

　　有一次，一個男人拜訪朋友，朋友滿面笑容地歡迎他。男人問朋友為何這麼開心？他回答：「我剛和我老婆吵完架。」「這就是你為

什麼滿面笑容嗎？」「是的，吵完以後，一切都美妙極了。」這也是有可能的。

伴侶關係裡的牽連只會慢慢的顯現，比如，其中一個人想要離開，因為他想要追隨某一個家族成員，又或者是這個人想要代替某個家族成員承擔些什麼。孩子會看到這些，然後孩子也捲入這樣的命運裡。對於這些我們什麼也做不了。這需要極度的謙恭：「我愛你，我也愛那一直引領我與你的，用一種特別的方式。」這是深遠的，偉大的，這是大愛，堅強有力的愛。

這種愛也意味著，我們不必再受勉強容忍的苦，因為一切都是正確的。

有一句關於伴侶忠誠的觀念這樣說：「你必須忠誠於我。」或者「我必須忠誠於你。」不，我不必這樣。我和你都必須真實面對那更偉大的指引。

要求伴侶要忠誠，有時候我們便像對待俘虜般控制對方。要求對自己忠誠，我們便放棄對更偉大的存在忠誠。

當更偉大的存在是被看見之中，這段關係便在值得信任之中。這段關係可以依靠在一個深遠的存在中，無論發生什麼事。這是很大的不同。

這是我最後的話語。祝福你。

共振

錄自巴特蘇爾察工作坊

所有孩子都是美好的，
他們的父母也是美好的

●隱藏的愛

海寧格：「所有的孩子都是美好的，他們的父母也都是美好的。」這個想法可能令你們感到迷惑。這怎麼可能？這個維度非常深遠。因為這句話同時表示，我們曾經是美好的孩子，我們現在仍然美好。這也是在說，我們的父母也是美好的，因為他們曾經是孩子，美好的孩子，現在作為父母，也依然美好。

除了表面的解釋，我想說點關於這句話的背景。我們會說：「但是孩子做了那樣的事情，父母做了這樣或那樣的事情。」他們是做了，是的，但是為什麼呢？是出於愛。

我現在深入的解釋這一點，我將和你們做些練習，這會讓你們去體驗：你們的靈魂真正覺得美好時的感覺。當然結論是——跟我這句超時代性的宣言一樣，所有人都是美好的，就只是如他們所是，按照他們至今的所有經歷，便是美好的。而正因為所有人是要如他們所是，他們才會是美好的。因此我們必需不要去為我們自己擔心，或為我們的孩子擔心，或為我們的父母擔心，無論是好是壞。這些都只是我們的目光有時暗淡無光，因此看不到自己美好的地方，看不到孩子美好的地方，看不到父母美好的地方。

我想在我們開始體驗之前，先在整體觀點上解釋清楚。

●靈性場域

我們都深植於一個更大的系統，一個家族系統，這點透過家族系統排列顯現出來。除了你的父母和他們的兄弟姊妹歸屬於家族系統，祖父母、曾祖父母以及他們的祖先，都歸屬於家族系統。還有更多的人由於某個重要原因也歸屬於這個系統，比如我們父母或者祖父母先前的伴侶。在這個系統裡，所有成員都被一個共同的力量所引領，這個力量遵循著特定的法則。

這個家族系統是一個靈性場域（spiritual field）。正如我們透過家族系統排列所經歷的一樣，在這個靈性場域裡，每個人都彼此共振。有時候這個場域會失序。當有人歸屬於這個系統，卻被排斥或者遺忘，失序就會出現。這些被排斥或被遺忘的人是與我們共振的，會引起我們現在去關注他們。適用於整體場域裡的法則是：**屬於這個系統裡的每個人，都擁有同樣歸屬的權利，無論如何，沒有人可以被排除。**

沒有人會在場域裡迷失，每個人都對這個系統產生影響。如果有人被排除，無論是什麼樣的原因，這個人將被家庭裡另一個人所取代。在這個場域的影響下，透過這種共振，另一個家族成員將被選擇去代表被排除的人。然後這個家族成員，例如一個孩子，會表現怪異。也許孩子會吸毒、生病、具有攻擊性或犯罪，或變成一個殺人犯，或精神病，任何情況都是可能發生的。但是為什麼呢？因為這個孩子是懷著愛去看著某個被排除的人。孩子透過這些行為，迫使我們要去看那個被排除的人，帶著愛去看。這些所謂是壞、甚至可怕的行為，其實是一種對某個被排除的人的愛。

現在，看著這個孩子，替他擔憂，嘗試改變他，正如你所知，並

不會產生作用。還有更大的力量在這裡工作。我們最好和這個孩子一起來看看我們所歸屬的這個場域，透過孩子的眼睛，直到我們在孩子的引領下，看到那個被排除的人在哪裡等待我們。這個人需要我們去看到他或她，把他或她放進我們的靈魂裡，放進我們心裡，放進我們的家庭裡，放進我們的團體裡，也許，甚至放進我們的民族和國家裡。

所以，所有的孩子都是美好的，如果我們允許他們美好。這意味著我們不僅僅要看著他們，還要帶著愛去看他們所看著的地方。

在家族系統排列裡很棒的體驗是，我們做另一件事，代替擔心孩子、代替擔心其他人、代替拘泥於他們的妄為。我們現在和他們一起去看那些被排除的人，把他們放回我們的家族系統裡。一旦這個人或這些人被包含在父母的靈魂裡，還有家族和團體的靈魂裡，這個孩子便會發出如釋重負的輕嘆，才能終於從牽連裡解放出來。

一旦我們瞭解這些，我們可以等待，直到我們作為孩子的父母或者其他家族成員知道這些行為都要將我們帶向哪裡。如果我們和孩子一起走到哪裡，並帶著另外那個家人一起同行，那麼孩子便能得到自由，這個孩子就不再會行為和感覺都像另一個人。

那麼還有誰也自由了呢？我們、父母、還有其他的家族成員。突然間，我們都發生改變，我們感到更富有，因為我們現在心中已給予過去被排除的人一個位置。現在每個人都可以表現得有所不同了，與當下的人生更全然地連結了，帶著更多愛，更多放鬆，更多寬容，超越我們膚淺的好壞區別。這種區別讓我們很容易假設我們比較好，其他的人比較壞。那些我們認定的壞人，不過只是以一種不同的方式去愛。當我們和他們一起去看，看到他們所愛的地方，所愛的方式，我們關於好壞的區別便消失了。

　　另一個結論當然是我們的父母也都是美好的。在任何我們想要反對他們的事物背後，那是一種不同的愛在工作。這種愛並沒有流向我們，它去了另外的地方，在那個地方我們的父母看起來還是孩子，他們愛著某個渴望回歸家族的人。當我們開始在內心給與那些被排除的人一個位置，我們就會和我們的父母看著同樣的方向，他們的愛所在的那個方向。突然，我們會發現自己處於一個完全不同的情形，我們學到了真愛到底意味著什麼。

●一切

　　在我們開始一個練習之前，我要為你們讀一點我自己一本書裡的內容，這是我仍然覺得珍貴的一本書，書名叫《遇見真理》（Truth in Motion）。在這本書裡有一小段文字以哲學角度濃縮了我剛才所解釋的內容。這段文字的標題是「一切（Everything）」。

　　一切之所以能成為一切，是因為它與一切萬事萬物相連。每一個事物都與自身以外的所有事物連結。沒有一個事物能夠獨立分離。所謂的分離，在這個意義上來說，仍然是與一切連結的──一切都在單一個體之中存在呈現。因此，我同時也是一切。沒有我，一切不可能成為一切，而我也不能夠不是我以外的一切。

　　這對我的生活、感受和存在方式意味著什麼？對我所感知的方式意味著什麼？對我的存在方式又意味著什麼？我會從一位人類身上看到全人類，我也會從他們身上看到我自己。在我的內心我會感受到所有人真實的狀況。於每一位他人裡，全人類遇見了我，而我也在每一位他人中，遇見了全人類。

　　我怎麼可能拒絕他們一點事情的同時，而沒有拒絕在他們中的我自己呢？我怎麼可能為他們開心的同時，而沒有為他們中的我自己開

心呢？我怎麼可能祝福別人的同時，而沒有祝福我自己和所有其他人呢？我怎麼可能愛我自己的同時，而沒有愛所有其他人呢？

當我們在每個人那裡看到每個人，我們也在他們那裡看到我們自己，我們在他們那裡遇見自己，我們在他們那裡找到自己。當我們傷害他人，我們便是傷害我們自己。當我們幫助他人，我們也是幫助自己。當我們阻擋別人的時候，我們也阻擋著自己。當我們貶低他人的時候，我們也貶低自己。那些真正去愛的人，愛所有人。

當我們真的愛他人，我們愛所有他人。因此，愛你的鄰居便是愛所有人，包括愛我們自己。這是純淨的愛，圓滿的愛，因為一切包含了一切，尤其也包含了它自己。

●偉大

最後，共振意味著：「我愛每一個人。」當我們和某人不合，或是抗拒某人，我們便與整體失去共振，我就無法在與整體的共振中進化。

那麼解決的方案是什麼呢？我把我抗拒的一切放在我的心裡。這便是愛所有和一切的方式。透過這樣的愛，我變得偉大。這裡的偉大，意義是什麼呢？我承認我和所有其他人一樣，他們也都和我一樣。因此，我便和整體連結，因整體而偉大。

●冥想1：我們的疾病在看誰？

現在你們可以閉上眼睛。我來和你們做個小小的冥想，透過這個冥想你會自己體驗到共振意味著什麼，以及它是如何影響我們的內在的。進入到你的身體，感知那讓你覺得傷痛的地方，那有疾病的地方，或者不是特別舒服的地方。很顯然，傷痛或者不是很舒服便是與

身體的不和諧。我們躺下在這些疼痛，這些疾病，這些器官的旁邊，感受這些疾病、這些器官、這些疼痛，所凝視的地方。這個疾病在與誰共振？在和哪一個也許被拒絕、被遺忘、被看成是魔鬼或者被評判的人共振？

我們等待，一直到我們可以進入這個移動，直到我們開始共振，也許，我們突然看到疾病所凝視的方向。比如，一個早逝的孩子、夭折的孩子、人工流產的孩子、或者被送人的孩子。或者是被我們評判為罪犯的人，我們希望和自己一點關係都沒有的人，我們的家庭不再希望和他有任何關係的人。我們看著這個人，把他當成我們中的一員，然後對這個人和疾病說：「現在我看見你了。我和你一樣。你也和我一樣。現在我在我的靈魂裡和在我的家裡給你一個位置。現在你又和我們在一起了，你是我們中的一員。在一個偉大的力量面前，你不比我們更好，也不比我們更壞。在這個偉大的力量面前，我們如同棋子，這個偉大的力量只是用不同的方式運用棋子。我們承認，你和我們一樣，我們也和你一樣。」

也許，我們還可以去看一些人，那些我們拒絕的人，那些讓我們生氣的人，那些讓我們愧疚的人，那些傷害我們的人。我們對他們每個人說：「是的。」我們去感受改變，在我們身體中的改變、在我們靈魂中的改變、和我們愛的改變。

●冥想2：作為孩子的我們在看著誰？

剛剛的是發展共振感應的第一步，最終會讓我們體驗到共振的意思，明白共振在我們內在的作用。我們會知道如何透過共振，去體驗到一些完全不同的東西，朝向一些在過去被我們一直封閉的層面。

現在我們可以根據一些結論來繼續我們的練習，請再閉上眼睛。

你看著仍然是孩子的你自己，看到自己作為孩子的行為。有時候你的父母為你感到擔心，他們也許想：「這個孩子好像哪裡有點問題。他為什麼會這樣？為什麼他如此退縮？為什麼他有那麼多恐懼？為什麼他那麼生氣？那麼沒有耐心？為什麼他不想學習？為什麼他要放棄？就像一切都毫無希望一樣？」

就像一直以來一樣，現在你看著這個曾經是你的小孩，你非常溫柔的進入這個小孩的靈魂：「當你有這樣或者那樣的感覺的時候，作為孩子的你在看哪裡？那個秘密的愛去了哪裡？你在和誰深深的共振？是哪一個或者是哪一些人渴望獲得你的關注？這樣他們就會終於被看見和被愛了？」

你可以對你的父親或母親，或者父母兩人，或者其他的人說：「請求你，和我一起看那裡，懷著愛去看。」然後你就可以承認，作為一個孩子，你有那麼多的愛。這與過去你被認定的不同，真相是你在和那不被允許歸屬的人深深相連。你可以感受到過去的你和現在的你都是多麼的美好。

好的，這是第二步。

●冥想3：作為孩子的父母在看誰？

現在我們再往前一步。你們仍然和我在一起嗎？這個會更加深入，我知道，但是它會令我們豐富而廣闊。你們現在可以再閉上眼睛了。

現在我們看著我們的父母。作為孩子，也許我們曾因為某些事物和父母鬧彆扭。我們希望他們有所不同。現在我們看著曾經是孩子的他們，看起來仍然是孩子的他們。他們在看著誰？誰被排除在外？誰被遺忘了？他們曾經與誰共振？他們仍然在與誰共振？他們是如何成

為他們現在的樣子的？是透過這種共振？是透過這種深沉又秘密的愛嗎？現在我們跟父母一起看著那些人，帶著父母對他們的愛，也去愛這些人，就像父母仍是孩子時去愛那些人一樣，即使大部分情況是無意識的，這個深刻的移動是朝向那些人，那些我們的父母想要帶回家的人。

　　我們允許這些人吸引我們的注意力。我們看著他們，對他們說：「是的，我看到你了，我也在我的心裡給你一個位置，懷著愛。」

●冥想4：我們的伴侶作為孩子時，在看誰？

　　現在我們同樣再往前一步。請再閉上你們的眼睛，如果你們願意，看著你的伴侶，或者是另一個和你很親密的人，你希望和他保持連結的人。也許你對這個人的某些行為感到不舒服。

　　現在容許自己去看，這個人帶著這個行為時，他是看著哪裡呢？是一個被排除的，也許是被拒絕和被譴責的人？你跟你的伴侶或者那位親密的人一起，看著他所看的方向，懷著愛。

　　這些都是練習愛一切的一種方式。你可以感知到我們靈魂裡的某些東西，是如何因此而發生變化的嗎？當我們允許自己對這些移動開放心靈的時候，我們的成長是怎樣的？

●冥想5：我們自己的孩子在看誰？

　　現在我們再繼續往前一步。你們可以再閉上眼睛。

　　看著你的孩子，如果你沒有孩子，便看著親屬的孩子。尤其是那些讓你感到擔心，或者生病，或者行為不夠友善的孩子。和他們一起去看他們的行為或者疾病所看著的地方。是誰渴望透過他們被看見和認出來？他們在和誰一起在愛的共振中？你和他們一起去看向那裡，

一直到你也看見了那個或者那些人，也許突然，就像從一個深沉的夢境裡醒來，突然就看見了。

●愛所有的人

還有人能夠懷疑所有的孩子都是美好的嗎？我們自己作為孩子的時候？我們的伴侶作為孩子的時候？我們的父母作為孩子的時候？還有我們自己的孩子？所有人都是美好的。

這就是包容一切的愛。它透過某種非常簡單的事物展示出來。我們看著所有的人，並且在我們的心裡給他們一個位置。

有一個內在的態度是與這愛一致，那是一句很美的話：「像我在天上的父一樣慈悲。祂叫日頭照好人，也照歹人；降雨給義人，也給不義的人。」為什麼？因為祂在與所有人共振中。

家族的靈魂

家族系統排列所帶給我們的新洞見是：我們都深植於一個更大的靈魂，深植於一個家族的靈魂（Family Soul）。我們也提到靈性場域（Spiritual Field），雖然這個詞無法解釋太多與家庭靈魂的聯繫，但這表示有其他的連結在扮演重要的角色。

靈性場域是一種帶著某種意識（conscious）和瞭解（aware）的場域。有覺知的（knowing）。在這個場域裡有一種動力想要讓被分離的東西重聚。這個移動是有意識的移動。這個場域有一種清晰的目標，就是要把某些東西領向覺悟（conscious awareness）。因此，我更願意談論一個更偉大的靈魂，一個共用的靈魂，一個我們共同經歷

的，連結所有歸屬的人的靈魂。

　　透過一連串的行為，我們意識到有些事物需要我們去關注。如果我們去關注，有些東西就會在這個場域裡回歸序位。這個序位會自動重建，因為被排除和被遺忘的人開始進入我們的意識。對於渴望與分離者連結的人來說，這移動會對他們的靈魂帶來效果。這些人會從錯亂失序中解放出來。

　　這些移動是愛的移動。很多會引起我們關注的行為，尤其是孩子的行為，通常都是深深的愛的移動，某些東西渴望透過這些行為獲得我們的關注，回歸序位。當孩子的父母注意到這些，並且將序位在他們的內在回歸，那麼整個家族就會獲得新的力量。最重要的是，不再有人需要透過令他們感到沮喪的行為，讓被排除或被遺忘的人獲得關注，所有人獲得一個更深層的，從糾葛裡釋放出來的自由。

●讓隱藏的愛顯現

　　很多時候，透過孩子的行為所顯示出來的事件，即使是令人難以面對，都會展露出對系統而言是需要的。但是由於事件太難以面對，其他人不想去看它。因此，孩子就會將它承擔起來，以幫助他人。孩子懷著愛去看那些被排除的人。在行為的背後，是隱藏的愛在工作。因此，在我們與那些很難處理的孩子的工作中，我們不會多看孩子，而是和孩子一起去看，看孩子所看的地方。然後一個療癒的移動開始運作，使孩子獲得解放，因為現在其他人也開始看著需要去看的地方。孩子不再需要代表別人去看那些地方，因此不再需要展示那些令人困擾的行為。這是我們努力協助孩子過程中，一個基本的處理模式。

　　當我們去思考那麼多所謂的「難以處理」孩子身上到底發生了什

麼，當他們被視作功能失常的人，要受到治療和給予藥物，其實我們忽略了他們的愛。事實是，他們是在為偉大的目的而代替其他大人工作。因此，我們在此經歷的幫助孩子的方法，是完全創新的方法，開闢了新的道路。然而，唯有我們不再繼續膚淺的關注孩子，我們才能有所創新。我們將焦點轉移到孩子被吸引的方向上面，那些孩子想要為成人所達成的目的，然後孩子才會從他們的重擔裡面解脫。

父母，以及所有捲入其中的人，都必須改變關注的焦點。他們必須去看一直以來都還沒有去看的東西。這會開啟父母內在的成長。當父母有意識的去承擔孩子所無意識承擔的東西，這時，孩子就自由了。然後為了所有相關人物的福祉，一家人可以一起去看那被排除的人。

●家族的序位

這是系統教育學，一種完全不同的教育學。這是這個工作的秘密。這是一種特別的幫助人的方法。我在這裡幫助孩子從牽連中解放出來，我也恢復了他們家族系統中的序位。

家族系統的失序總是一樣的：歸屬於家族的成員被排除在系統之外了。還有一些歸屬於家族的人是這個家族並不知道的。比如家族成員的受害者。當某位家族成員捲入他人的死亡，也許是故意的行為，那麼這些死去的人也歸屬於這個家族系統了。他們會出現在家族裡，並產生影響，他們通常是透過孩子來獲得關注。那麼這個孩子就會去看他們。如果大人不去看，孩子的行為就會一直讓大人困惑。那些真正關心孩子的人必須去看，然後失序就可以移向有序。

序位總是和完整有關。被排除的人必須重新回歸。這是在我心裡的首要工作，無論現在還是未來。這是在幫助靈魂，幫助死去的和活

著的人，和以綜合廣泛的方式來幫助生命。這種方法為其他的連結開啟了新的遠景，帶著這個新的遠景（perspectives），就會比較容易去幫助孩子和他們的父母。

●心照不宣的愛

孩子們有一個想法，認為自己能夠透過代替父母或祖先做些事來幫助他們，這是給孩子製造困難的深層原因，會帶給孩子和他們的父母無窮無盡的問題。要理解這點，我們必須瞭解不同良知之間的區別。

●好與壞的良知

我們透過罪惡感或清白感來區別好的良知或壞的良知。許多人都認為這與善惡有關，但並非如此，其實是與我們跟家族的連結或分離有關。透過良知，每個人都本能地知道，他必須要做什麼才能獲得歸屬資格。一個孩子本能地知道，她或他必須做什麼才能歸屬於家族。如果孩子的行為與之相應，他就會有一個好的良知。所以，好的良知代表：我感覺我有歸屬資格。

如果孩子的行為與之偏離，或者我們產生偏離，我們就會有害怕失去歸屬資格的恐懼。這種恐懼被稱作壞的良知。壞的良知代表：我害怕我會失去我的歸屬資格。

不同的群體有不同的良知。甚至不同的人有不同的良知。因此，我們有關父親的良知和有關母親的良知是不同的，我們在家裡和在工作中的良知也是不同的。所以，我們的良知是不斷的變化的，因為我們感知到，在不同的群體和不同情況下，我們需要做不同的事情來維持多個不同的歸屬資格。

　　透過我們的良知幫助，我們可以區分那些歸屬於我們的人和不是歸屬於我們的人。透過將我們與我們的家族連結，我們的良知拉開了我們與他人的距離，加固了我們與他人的分離。因此，透過我們的良知，我們對其他人，其他群體有拒絕的感受，因為這些感受都與歸屬感有關，而不是與善惡相關。

　　這是良知的一種，這是我們可以感覺到的良知。透過這個良知我們區別好與壞，但總是與一個特定的群體相連。

●牽連、糾葛

　　但是，現在有一種隱藏的良知，一種古老的，集體的良知。這種良知遵循的法則，有別於我們可感覺到的良知。這種集體的良知是一種群體良知。它負責群體內一切事物的秩序，一個更大家族裡的秩序。

　　在這個序位裡的第一個定律是每一個歸屬的人都有相同的歸屬資格。這是最基本的法則。但是當我們跟從所能感覺的良知，我們將一些人排除在我們的家族之外。那些我們認為的惡人，那些讓我們感到害怕的人。我們排除他們，因為我們覺得他們對我們來說太危險。

　　所以現在我們有一個良知的衝突。這個我們感覺到的良知，我們以此排除他人的良知，卻被別的良知所評判，這個良知聲明沒有人可以被排除。那麼，在這個我們不能感覺到的良知之下，有人被判定去模仿那個被排除的人，但是，這個人並不知道他在模仿別人。這就是牽連糾葛。

　　所以我們可以理解那些在我們看來行為異常的孩子，或者有自殺傾向，或者吸毒，無論什麼情況，他們的特殊任務是要去連結被排除的人，去模仿他們的重擔。這些孩子是與這樣的人發生牽連了。因此

我們無法幫助他們，除非其他家族的人也去看那個被排除的人，把他們領入家族，放入他們的心裡。當這一切發生，孩子就會從牽連糾葛裡解放出來。

為了幫助這些孩子，如有其他家族成員仍然對某些人生氣或排斥，他們必須懷著愛轉向這些人，並將他們帶回家族裡。

這是孩子面對眾多困擾的背景，也是關心孩子的父母要注意的地方。

●盲目的愛

這個良知還有另一個法則。這個法則也會給孩子帶來麻煩。這個法則聲明，那些早期歸屬於家族的成員擁有比後來的家族成員優先順序的權力。這意味著有一個優先的順序，這個優先順序必須被服從。

很多孩子認為他們有權利為了幫助父母做些什麼，但這是對這個法則的冒犯。那麼在這個良知的影響下，孩子內在對母親或者父親說：「我來為你承擔。」、「我將為你贖罪。」、「我將為你去死。」、「我來為你生病。」，所有這一切都來自於愛，但是，是來自於一種盲目的愛。盲目的愛會導致各種行為，比如：吸毒、自殺傾向和攻擊性行為。這些行為和這些讓他們冒生命危險的方式，都和他們試圖替父母承擔某些東西有關。這冒犯了優先順序，也冒犯了愛的序位。

●恢復序位

一旦我們瞭解了這些序位，我們就可以恢復它們。這意味著，父母或者其他相關的人，承認他們行為的後果。那麼孩子也就自由了：他不再需要為他人承擔。

冒犯序位的優先順序，會受到良知懲罰。這意味著，任何想要為父母或者其他早期家族成員承擔一些東西的孩子，他將會失敗。沒有試圖為父母或者其他早期家族成員承擔的孩子，他將會成功。那註定是失敗的，並意味著所有人都失敗。我們必須知道這點，必須非常清楚這點。這樣我們才能指導孩子走出困境。我們首先看父母，我們讓父母解決問題。然後孩子就會從中解脫。一旦父母解決了自己的問題，孩子就平靜了，他們會感到安全。

無論什麼時候我們想要幫助有困難的孩子，這是我們需要記住和理解的基本法則。

●命運

我想說說與之相關的罪惡感，不是從道德的意義上，也遠非出自於我。但我們經常因為某人因我們受苦而感到罪惡感。比如墮胎的情況，父母會有罪惡感的感覺。或者當一個難產的孩子留下後遺症，母親可能有愧疚的感覺。有兩種方法處理這兩種罪惡感。一種方法是去感覺愧疚。感覺愧疚意味著：我沒有看那個被我傷害的人。當我感到愧疚，我看的是我自己。我對某些事物感到後悔，我認為我本來可以做得不同，然後我就有了這種愧疚的感覺。

感到愧疚是實際行動的替代品。那些感到愧疚的人什麼也不做。他們保持消極。而在相似的情況下，其他人則會採取行動。

也有一種很好的回應罪惡感的方法。我們看著所發生的一切，發生的方式，然後我們說：「我同意事情就是這樣，我同意這個結果，同意所有的後果，無論會因此發生什麼。」這樣我們就不再有愧疚的感覺，並獲得去做某些事情的行善力量，罪惡感透過行動，以一種美好的方式被昇華。

當我們感到愧疚，有些其他的事情需要考慮。在愧疚的背後是傲慢。我們假設我們擁有可以用不同方式去做事的自由。

現在我們超越死亡去看那些讓我們感到愧疚的死者。我們想像他們躺在我們面前。然後我們看著那遠遠超越的一點，看到他們的命運，那遠比我們偉大的力量，我們請求命運眷顧他們，也眷顧我們，我們感到那分別了嗎？

然後，那些死去的人就找到了一個可以安息的據點。在那裡，他們都在安穩中被照顧著，所有人都被同等的照顧。

●冥想：超越好與壞

海寧格對一個妹妹和父親都是精神分裂患者的女人說：閉上眼睛。現在你看著上帝。但不是那個很多人都害怕的上帝。看那個更偉大的上帝，那更偉大的力量引領著一切，當我們承認祂，那個力量會把我們領向更美好。這意味著，我們要當心不要將自己放在屬於這個力量的位置上。你持續保持看著這個方向，不要被你的精神分裂患者家族成員所打擾。你懷著愛去看這個力量，持續的看，不要移動。

當那些精神分裂患者看著你，那並不會幫助他們，因為你總是看著同樣的方向，突然他們開始和你一起去看同樣的方向。

海寧格：你怎麼樣了？

女人：我現在非常能感覺到自己的內心。

海寧格：好吧，祝福你。

對團體說：我們也可以用這種方式去幫人，非常簡單，透過進入一個內在的移動。

我和她做的這個練習克服了世間普遍的恐懼，認為世上有好與壞的勢力，不同的勢力在彼此衝突，而我們必須保護自己抵抗壞的勢力。在

這裡,我們保護自己的方法,是透過看到超越所有勢力的一點,看著那個平等的服務一切的偉大力量。我就可以不被那些看來似乎屬於壞的東西阻擋。無論他們說什麼或者做什麼,或者,無論他們被如何評論。當我們只是看著這唯一的力量,唯一的方向,這個有磁場吸引力般的效應。突然,他們也去看那裡,然後他們釋然輕歡。

另一種表達方式

錄自在杜伊斯堡與語言障礙人群工作的工作坊

語言障礙

在許多語言障礙的背後都有一個未被解決的家族矛盾。比如家中有人是被認為不應存在，或者不應發言，或者有人被當作秘密，或者有成員被送走。或者有兩個人一直彼此對立，無法和諧相處。比如，一個加害者與他的受害者。這常會帶來一個後果，後代中會有成員同時代表雙方，因此無法讓其中任何一個獨自表達。那麼這個人就會開始口吃。

所以口吃常常和精神分裂一樣有類似的系統背景。在精神分裂的狀況下，未解決的矛盾表現為思想混亂；口吃則是透過說話不流利來呈現。口吃的解決方案通常和精神分裂患者的解決方案一樣。將未能和解的一對家族成員面對面排列，直到他們承認對方並達成和解。當真正的矛盾顯現出來，有語言障礙的人或者精神分裂患者便可以把問題留在它歸屬的地方，並從中解放出來。

口吃也可能有其他的背景。我們經常會觀察到口吃的人在開始口吃之前總是看左右兩邊。這意味著，在開始口吃之前，他們在看一個內化的影像，或者更準確的說，是一個讓他們感到害怕的內化的人，他們在這個人面前結巴。在家族系統排列的時候，口吃的人可以公開的面對這個人，榮耀他，直到另一方也回報和表達愛，這個口吃的人就可以看著這個人的眼睛，清楚表達他們的感受和他們想要從那個人那裡獲得的東西。

有些時候口吃以及其他的語言障礙問題隱藏著一個渴望公開的秘密——比如說一個沒有人知道的孩子。當這個秘密被揭露或者被清楚

的看見，之前的障礙就會清除，孩子會開始流暢的表達。

恰當的語言

　　我想說點關於語言的東西。當我們說話的時候，什麼事在發生？恰當的語言有什麼作用？當一個孩子第一次說「媽媽」，你能感覺到那意味著什麼嗎？你能注意到這和之前階段的不同嗎？這句「媽媽」對這個母親意味著什麼？她變了，有些東西因為孩子所說的這一個詞發生了變化；當孩子成功地說出這個詞，某些東西也在孩子的內在發生了變化。從母親到孩子，從孩子到母親的關係都發生了變化。這個詞創造了一個新的實相。一種新的關係在這個詞裡歡慶成功。當某人第一次對另一個人說出一個你所熟悉的形式（du，tu，ti，ty：一種在多數歐洲語言裡存在的形式），某些東西便發生了改變。

　　當我們以正確的形式，說出某一事物時，說事物會發生什麼呢？我們經常很長時間的思考某種聯繫，無法理解它。然而一旦我們掌握了它，它便可以濃縮成用一個字表達的真理。惟有那些被掌握、被理解的東西才能被表達出來，並且有某種特別的作用。它會改變一些東西。這就是與嘮叨的不同。那些嘮叨的話語不會改變任何東西，相反地，他們打擾了真正的理解。當某些東西被掌握、理解，他就能被表達出來。這樣的語言是有力量的。

　　在家族系統排列裡，經常一個詞、或者一個句子就夠了，或者僅僅是一個字、一句話。這個字或者這句話有改變一些東西的力量。只有當助人者掌握了那句可以改變一些事物的話，並且讓這句話從案主嘴裡說出來，然後有些東西發生改變了。這句話具有創造的能力。

最棒的語言來自於沉默。他們需要時間成熟，直到他們變成從知識的大樹上成熟墜落的果實，他們是洞見智慧的語言。

當一個人在語言方面受阻，那麼這個人也一樣在與他人的連結方面受阻，尤其是——這是我的印象——在與父母的關係方面受阻。

還有另一些東西需要記住，如果一樣東西沒有被正確地表達，就不能達致他的完滿。讓我們來說一個簡單的詞，比如「玫瑰」。當我們掌握了它，並把它說出來，玫瑰的本質便不同了。它不再是從前的玫瑰。在這個詞裡，一件未完成的事物、一段未竟的關係、和一個不完整的狀況，被帶向某種更偉大的東西。它被這個詞賦予了靈魂。

當我們讓這一切沉澱，我們說話的時候，會變得謹慎：恰當的話語，在恰當的時候，帶領我們走得更深、更遠。

當我們會這樣考慮，我們便會留心每一個字所帶來的作用。在我們說出之前，我們先在內心傾聽，瞭解它的作用——瞭解它對我們自己靈魂和他人靈魂產生的作用。

當我和某人一起工作，我經常不允許講任何話。我會打斷想說話的衝動。這有什麼作用？這是為適合的語句和重要的講話做準備。

這裡還有另一個區別，語言對問題狀況做了什麼？語言對導向行動，導向出路與和解做了什麼？後果有何不同？

當我們允許人們講他們的問題時，我們也經常阻止解決問題的語句出現。

拒絕

海寧格對一個案主說：你的議題是什麼？

案主：是關於我女兒。

海寧格：她怎麼了？

案主：她講話講得不好。

海寧格：她多大了？

案主：六歲了，她有很棒的⋯⋯。

海寧格打斷了他：不，我現在要做什麼呢？

案主：把她和她的母親排列出來。

海寧格：正是，你學得很快。

海寧格：我們嘗試一下。我們還不知道，但是我會從這裡開始。

海寧格讓這個案主選擇了母親的代表。海寧格選擇了女兒的代表，把她排在她母親的對面。案主說他的妻子也在場。海寧格讓她坐在丈夫的旁邊。

過了一會兒，海寧格讓母親代表轉過身。

海寧格對母親代表說：這樣感覺怎麼樣？好一點還是更糟糕？

母親的代表說：好一點。

海寧格對母親說：問題在哪裡？

她對女兒的代表點頭。

海寧格：哪裡？我們可以從這個排列看出來。

母親：我並不這麼認為。

海寧格：那麼我們在這裡打斷。

海寧格對代表說：你可以再坐下了。

對團體說：我們在這裡獲得了另一個有關語言障礙的洞見。當孩子想為其承擔的人不願意合作的時候，孩子無法獲得幫助。

●打斷

參與者：我的問題是，在家族系統排列中的中斷是一種干擾也是一種理解上的改變的開始嗎？

海寧格：你看得很對。中斷只是表面的，是為改變所做的準備。

對大家：這是一個很難的工作。需要高度的專注，也需要參與者高度專注，還有需要重新思考的能力。

●繼續

海寧格又對母親說：我會繼續你的個案。

對團體說：之前當我讓她的代表轉過身去的時候，孩子開始發抖。孩子害怕母親。

對母親說：難道她不是一個親愛的孩子嗎？

母親擦去眼淚。

海寧格對團體說：很清楚，這個孩子的問題並非來自孩子與母親的關係。也許與母親的原生家庭有關。

對母親說：你知道孩子害怕什麼嗎？

母親搖搖頭。

海寧格：她怕你會殺了自己。

母親：為了誰？

她開始哭泣並用防衛的姿勢揮動手。

海寧格對大家：我說的話是否已經觸動了她的靈魂？

過了一會兒，對母親說：我認為在我們繼續工作之前還需要等待，好嗎？

她點頭。

海寧格對團體說：現在我撥動一下土壤，我會等那個小植物再長大一點點。

●解決方案

海寧格對母親說：現在我要再次和你一起工作，這是最後的機會。

海寧格讓她坐在他的身邊，和她的丈夫一起。

海寧格對團體說：當一對夫婦被分開，那也會帶來擾亂不安。

對母親：我今天早上對你說什麼了？你的孩子害怕什麼？為什麼她會發抖？

母親：因為我想走，但我不想。

海寧格：因為她害怕你會殺了自己。這是問題所在的深度。你的原生家庭發生了什麼事？

母親：我的原生家庭什麼事也沒有發生。

海寧格：當然，什麼也沒有，連孩子都沒有來過。

母親笑了，然後開始哭泣。

海寧格對這對夫婦：你們兩之前有人結過婚嗎？

女人搖頭，男人點頭。

海寧格對丈夫說：之前的關係裡有孩子嗎？

丈夫表示沒有。

海寧格：所以問題來自她的家庭。
對大家：我會做個簡單的測試，看問題是來自孩子母親這邊還是父親這邊。

海寧格選了一個男人和一個女人作為母親的父母代表，並把他們排了出來。
父親看旁邊，母親看著前方。海寧格觀察兩位代表。

海寧格：基本上是在母親這邊。

當他這樣說的時候，孩子的母親看上去非常感動。

海寧格對母親：你母親的家庭怎麼了？

母親深呼吸，發出悲嘆：我知道我母親在我之前有過一次流產。她當時和我父親還沒有任何關係。她很愛那個人，但卻不能和他結婚，她至今還在說起那個人，她說她看到他的時候腿都發抖。某種程度上來說我的母親從來沒有活在當下。

海寧格：這只是前景，她的家庭發生過什麼事？

母親：我對我母親的家庭知道很少，她有個同父異母的姊姊，一直到她想結婚的時候她才出現在我們家庭裡。她以同父異母的姊姊身分，來到這個家庭裡。她是最大的，家裡有三個姊妹，如果算上這個最大的姊姊，我的母親是中間那個，這個姊姊是我外祖父婚外情的結果。這個姊姊把自己的一個嬰兒送到美國給別人收養。這就是我所知道的關於我母親的家族的事。

海寧格：這已經很多了。這個家族裡誰想自殺呢？首先，外祖父，然後同父異母的姊姊，第三個是那個被送走的孩子。

母親哭了。

母親：我總是覺得沒有我的位置。

海寧格：正是，但是真正沒有位置的人是你母親的同父異母姊姊，她的孩子以及她的母親。她們在這個家族都沒有位置。

母親：是的，同父異母姊姊的母親也沒有位置。

海寧格對團體說：現在我要從一個與她無關的很久之前開始。

海寧格選了一個案主（母親）的外祖父代表，她的外祖母，同父異母姊姊的母親，同父異母的姊姊，還有同父異母姊姊被送走的孩子，他讓他們並排在一起。

海寧格讓案主來排這些代表。當她猶豫的時候，海寧格讓她再等等。然後他將外祖父帶開。

海寧格對外祖父說：現在你感覺好一點還是更糟了？

外祖父：好些了。

海寧格：正是。

對案主：他是第一個想要自殺的人。

現在案主開始排代表。

當案主排完外祖父和外祖母，海寧格將外祖母帶向她所凝視的方向，他把她排得很遠。

海寧格對外祖母：現在你感覺怎麼樣？好些還是更糟？

外祖母：更好了。

海寧格對母親：她是第二個想自殺的人。

海寧格將外祖母帶回她在排列中的位置。現在案主還在排其他人：外祖父的第一任妻子和同父異母姊姊相對而站，外祖母站在外祖父的後面，但是她眼睛並不看他。那個被送人的孩子遠離所有人站著，看著遠方。

現在海寧格排出案主和一個案主女兒的代表。兩人各站在一邊，面朝對方。案主看著地面。海寧格讓另一個代表躺在案主面前的地

上，代表一個死去的孩子。案主開始說話。

母親：在她躺倒之前，我想要把身體蜷起來，讓自己變小。

海寧格對大家：你們注意到她的嘮叨是如何帶走了力量和嚴肅嗎？

案主點頭。

海寧格：這是你死去的孩子。

母親轉過身對**海寧格**說：是的，是有一個。

海寧格：正是，他就在那裡。

過了一會兒對案主的女兒：躺在那個孩子的旁邊。

海寧格對女兒：你在那裡感覺怎麼樣？好一點還是更糟？

女兒：好一點。

海寧格對大家：我們可以看到她如釋重負的嘆氣。

對女兒：看著你的母親，對她說：「我將為你而死。」

女兒：我將為你而死。

過了一會兒，母親跪在兩個孩子中間哭泣。她把兩個孩子摟在懷裡。海寧格介入並讓女兒站起來。母親輕撫死去的孩子，擁抱孩子，並把孩子拉向她，兩個人輕輕的擁抱。

海寧格對女兒：你現在怎麼樣？

女兒：非常好。

海寧格：正是，現在你不需要介入她們之間了。

母親仍然非常溫柔地擁抱著死去的孩子。

海寧格過了一會兒對女兒：現在你怎麼樣？

女兒：還是非常好。

海寧格：現在，你已經從這裡出來了。

對母親（案主）和代表們說：我們在這裡停下吧。

對大家：之前發生的，對現在來說不再非常地重要了。那些更近的東西非常重要，即使其他的事物也很重要。

對案主（母親）說：我可以結束了嗎？

母親顯然輕鬆了：是的。

海寧格：是的，就是那樣。

對大家：在家族系統排列裡，如果觀察確切發生的事物，我們可以立即收到一些非常重要的線索。當女兒站在排列裡，她立刻看地面。

對案主：當我排你的時候，你並沒有看其他人，而是立刻去看地面。

透過這點就很清楚：這裡就是重要的事情。

對大家：我們不需要尋找到底發生了什麼。有什麼意義呢？跟我毫無關係。我想要給這個女兒找到解決方案。

對案主：好嗎？

她點頭。

海寧格對大家：倘若有人來問案主發生了什麼事或者甚至試圖安慰她，這樣是很危險的。這些都是軟弱的助人者，我們可以說他們是令人衰弱的助人者，奇怪的事情是：當他們這麼做的時候，他們感覺很

優越。比如說，比我感覺更優越，也比案主更優越。

　　但是他們承擔了多少責任呢？什麼也沒有。他們透過安慰別人滿足自己。像吸血鬼般的行為。如果我們仔細看看，這就是吸血鬼，只是牙齒隱藏起來了而已。

你瘋了嗎？

海寧格對一個年輕男子說：我和你一起工作。

年輕男子戴著一頂小編織帽。他坐在海寧格旁邊，身體前傾，看著地面。

海寧格過了一會兒：你是…瘋的嗎？

年輕人看著海寧格說：「沒有。」然後他又去看地面。過了一會兒，他眼睛挪向右邊，又從右邊挪到左邊，雙手煩亂不安。然後不自然地笑了笑，很快地看了海寧格一眼，然後又迅速地轉過頭，對人群笑。

年輕人不停地微笑，搖頭。

海寧格過了一會兒對團體說：他是瘋的。

當大家笑的時候，海寧格示意大家停下。

海寧格嚴肅地說：當然，他是瘋的。

這個年輕人也變嚴肅了。

海寧格對這個年輕人說：你已經愚弄了多少人和多少助人者？

年輕人偷偷地看了看四周，笑了。海寧格也笑了。

海寧格對他說：我先在這裡停下來，好嗎？

年輕人回到他的座位上。

海寧格對大家：我剛才做了什麼？我已經解除了他的力量。

年輕人笑了，就像被逮住了似的。大家也都笑了。

●我是你們其中一員

年輕人又回來了，但沒有戴那頂小帽子。

海寧格對大家：他今天把那頂傻帽子給脫下了。這非常好。
對他說：你做得很好，坐直了，再直一點。

這個之前身體嚴重彎曲的年輕人，現在坐直了。

海寧格：這很適合你。

對大家：我要做點教育工作。

年輕人笑了。

海寧格對主辦方：我先前要你去查查他是否是被收養的？

主辦方：他三歲之後就到了收養家庭。

海寧格對他說：你的父母怎麼了？

年輕人結巴著說：我的父母是酒鬼。他們現在怎麼樣我並不清楚。

海寧格：你知道他們在哪裡嗎？

年輕人：不知道。

海寧格對大家：好吧，就當這只是個給你們的練習。如果他和他的養父母在一起，他又想和父母在一起並且很愛他們。會有什麼樣的反應？

對年輕人：你覺得你可以做得到這個練習嗎？

他想了很久然後搖搖頭。

海寧格：正是，不能。

對大家：他被困在養父母和親生父母之間的矛盾裡。他除了說話結巴之外還能做什麼呢？

對他說：你能理解我在說什麼嗎？現在我們該繼續嗎？

他點頭。

海寧格選了養父母的代表，他親生父母的代表，將他們面對面排著。
然後他將年輕人排在他們中間。年輕人看著地面。

海寧格：他站在那裡似乎感到愧疚。
對他：也許你認為你給父母帶來了厄運。他們應該怎麼樣對待你呢？

他繼續看著地面，海寧格把他帶到親生父母那裡。他站在他們面前緊
握拳頭，但他並沒有看他們。

海寧格對大家：看他的手。你會看到攻擊性。當一個三歲的孩子被從
父母身邊被帶走會發生什麼呢？他會憤怒。

年輕人往後退一步。

海寧格：我要你說一句很難的話。

他點頭。

海寧格：「為了你們，我讓出位置。」說話的時候看著他們。
年輕人流利的說：為了你們，我讓出位置。
海寧格：他居然說得一點也不結巴？
對他說：再說一遍。
年輕人：為了你們，我讓出位置。

他慢慢地往回挪，看著地面。

海寧格：再看著你的父母，對他們說：「你們仍然是我的父母。」
年輕人完全流利地說：你們仍然是我的父母。
海寧格：在我心裡，你們和我在一起。

他還是看著地面。

海寧格過了一會兒：再看著他們說：「但我十分想念你們。」
年輕人：但我十分想念你們。

他再次緊握拳頭，更深的垂下頭，看著地面。

海寧格：告訴他們：「我只是個孩子。」
年輕人：我只是個孩子。
海寧格：「沒有愧疚。」
年輕人：沒有愧疚。
海寧格：「你們是父母。」
年輕人：你們是父母。
海寧格：看著他們。

他看著他們，再次垂下頭，看著地面。

海寧格：看著他們說：「請求你們。」
年輕人：請求你們。
海寧格：跟隨你內在的移動。可以的。

他慢慢地走向他們，摟住父親。他們滿懷愛意的擁抱。但他的拳頭始終握著。他站在父親的旁邊，眼睛又看向地面。

海寧格對他說：看著你的養父母，對他們說：「這是我的位置。」

年輕人：這是我的位置。

海寧格：「無論那會讓我付出怎樣的代價。」

年輕人：無論那會讓我付出怎樣的代價。

海寧格：「這是我的位置。」

年輕人：這是我的位置。

海寧格過了一會兒對親生父母說：現在你們對他們說：「謝謝你們。」

父親：謝謝你們。

母親：謝謝你們。

年輕人又去看地面。然後他站在父母的後面。

海寧格選了一個女人，讓她仰躺在父母面前的地面上。

母親看著兒子，並不看死去的人。然後她看著丈夫。他們握著彼此的手。母親將頭靠在父親的肩上抽泣。父親看著死去的女人，年輕人緊握的拳頭現在放鬆了。

海寧格過了一會兒對母親說：告訴你的兒子：「你是無辜的。」

母親看著兒子：你是無辜的。

海寧格：我是有罪的。

母親非常感動，用微弱的聲音說：我是有罪的。

她看著她的兒子。他慢慢地走向她，擁抱她。父親擁抱他們兩個。年輕人將頭靠在父母的肩膀上，溫柔地擁抱他們很久。過了一會兒海寧格讓他放開父母，往後退幾步，在他們面前跪下。

海寧格：看著他們說：「我在這裡只是個孩子。」

年輕人：我在這裡只是個孩子。

海寧格：「我仍然只是個孩子。」

年輕人：我仍然只是個孩子。

海寧格對大家：之前，當他去到父母那裡，他表現得像個大人。他為他們肩負了雙重的責任。罪惡感是其中的一個重擔，這表現在他緊握的拳頭上。同時他又與受害者相連。這是精神分裂的動力，同時與加害者與受害者相連。

對年輕人：現在你解放出來了。你只是個孩子。罪留在屬於它的地方。

他又去看地面。

海寧格對大家：他為他的母親看著受害者。是他引發了這一切，我信任他。他知道這點，是他在引領。

對年輕人：你好。

年輕人笑。

海寧格：現在你脫離了這些，可以挺起胸膛了。

海寧格帶著他從受害者面前經過父母。他讓父母轉過身去。

海寧格對年輕人：現在你也轉過身。

海寧格讓他離開受害者，轉向人群。

海寧格：看看那些人。

他看著，很嚴肅。

海寧格對大家：他看起來就像在監獄，他並沒有足夠的勇氣。

他的臉放鬆了，笑了。

海寧格：對他們說：「我是你們中的一員。」
年輕人：我是你們中的一員。

人群中響起大笑聲和掌聲。

海寧格對仍然朝下看的他說：你也可往上看。

他站直，目視前方。

海寧格：正是。就是這樣。

對代表們說：感謝你們。

對仍然躺在地上的死去的女人說：你怎麼樣？

代表說：我死了。

她慢慢地站了起來。

海寧格對團體說：這個死去的女人顯然是父母的孩子。

對年輕人說：是你的兄弟姊妹，在你心裡給對方一個位置。

●錯誤的助人方法

海寧格：助人原則其中有一個是，我們不可以持有任何立場，我們不站在更好的或者更壞的一邊，也不站在加害者或者被害者一邊。最重要的是，我們（助人者）不能像個孩子一樣淩駕於父母之上。

這個年輕人在與父母的關係裡越位了。他在內心對他們說：「我來為你們承擔。」我引導他回歸他作為孩子的位置。這對靈魂有一個特別的影響。當孩子從想要為父母做些事情的優越位置退下來做回孩子的時候，他們常常感到愧疚。

助人者也必須做同樣的事情。他們不能像孩子一樣去幫助父母。那些拼命地想要尋找解決之道的人就是選擇了越位的傲慢態度。

我在這裡說的內容是革命性的，想一想，如果我們相信我們必須去幫助，以及被允許這麼做時，我們會在歧途上迷失多遠。

我曾經聽到一句話，總結了以上觀點：「那些同情別人的人是在

責備上帝。」

秘密

海寧格對一個女案主：你有什麼問題？

案主：我的兩個孩子正在學習怎樣說話更清晰和準確。

海寧格：孩子多大了？

案主：三歲半和四歲半

海寧格：有什麼問題？

案主：他們說不清楚，也說不準確。咬字不清。

海寧格對大家：我不能理解她，你們能理解嗎？

對案主：誰需要說話更清楚？

案主：我需要。

海寧格與女案主彼此對視很久。然後女案主看著她面前的地板。

當她想說些什麼時，**海寧格**說：不要動，承受它。你已經在那個情景裡了。繼續那樣觀看。

當女案主想望向**海寧格**：不要動，承受它。

她開始哭泣。

海寧格過了一會兒：現在請清楚地說說是什麼情形。

案主不清楚地說：我想被允許說到底是怎麼回事。

海寧格：我什麼都不明白。

對大家：你們明白嗎？

對案主說：憤怒的說出來。

案主：我想說出真相到底是什麼。

海寧格：說出真相！

案主哭了：讓我說話！聽我說話！

海寧格：你還沒有準備好清楚地說話，我在這裡打斷，好嗎？

她點頭。

海寧格對大家：無論如何，孩子不再有負累了。在我生命的早期，當我還年輕的時候，我總是尋找解決方案。現在我已經放棄很久了。我只是讓一些東西顯現，僅此而已。然後我後退，讓一切按照他們自己的軌跡發展。

●繼續

海寧格對案主說：我再來和你工作一次。你現在對情況更清楚一些了嗎？

案主不清楚的說：是我的父母和我的外祖父，我母親的父親。

海寧格：你可以再說清楚一點兒嗎？

他們倆都笑了。

案主：是的，是關於我的父母和我的外祖父。就是這樣。

海寧格：他們怎麼了？

案主不清楚地說：有些不和諧。

海寧格：對不起，我不能理解你的意思。

兩人又都笑了。

案主：有不和諧，沒有和諧。他們互相攻擊。

海寧格對大家：如果這是真正問題所在，她已經可以清楚地說話了。

海寧格看著她，她看著地面。

海寧格：那個說不出來的秘密是什麼？

她繼續看著地面。

海寧格：保持那樣，就是那樣。

海寧格讓一個女人躺在她看著的面前。案主還是坐在海寧格身旁。案主看著這個死去的女人，被迷住了，一動也不動。

海寧格：你的兩個孩子是女孩還是男孩？

案主：一男一女。

海寧格：大的那個呢？

案主：男孩。

海寧格選了一個男孩代表和一個女孩代表,讓他們面對著死去的女
人。

孩子們堅定不移的看著死去的女人。

海寧格對案主說:看起來死去的人是這兩個孩子的手足。

案主一言不發的一直看著死去的女人,仍然著迷一樣。兒子走向死去
的女人,跪在她面前。然後他起身,跪在遠一點的地方。

海寧格看到案主似乎想動:跟隨你的內在的移動。

她跪在死去的女人身邊,開始哽咽。案主彎下腰,抱著她,然後看著
對面的兩個孩子,哭了起來。她再次彎腰抱死去的女人,然後坐直掃
視對面的兩個孩子。女兒往後退,然後轉身離開。兒子靠近母親,緊
緊的握著她的胳膊。女兒離開講臺,似乎希望完全消失。

海寧格:我在這裡打住。

案主再次坐在海寧格身邊。

海寧格對案主說:你知道這個死去的女人是誰嗎?
案主:也許是我的孩子,我失去的孩子?
海寧格:你失去了一個孩子嗎?

案主：是的，我流產過一次。

海寧格：應該還有更多。有一個奇怪的錯位。其中一個孩子，這個兒子，突然表現得像那個孩子的父親。

案主哭了，看著她面前的地面。

海寧格對大家：我們可以看到她已經看到那個情景。她的靈魂正看著那裡。像這樣的情況都是謀殺。

長時間的沉默。

海寧格：謀殺發生在什麼地方呢？

案主：我看到我的外祖父。

海寧格：發生了什麼？

案主：我看到我的外祖父和一個姊姊，我的姊姊，我看到這個姊姊，我並不認識她。

海寧格對大家：現在她說話非常清晰——這很了不起。

對案主：你正在揭示一些重要的東西。

她開始哭泣並看著同一個地方。

案主：我的母親曾經有個孩子，那個孩子本來應該是我的同母異父的姊姊，但是我的外祖父毀了她。

海寧格：毀了她？

案主：他勒死了她，這是我看到的。

海寧格：這就是那個不能說的秘密。

案主大聲地哭泣。

海寧格要求那個死去的孩子的代表再次站起來，把她作為案主同母異父的姊姊排在了案主的對面。

案主往前向死去的姊姊邁了一步，並向她張開迎接的雙臂。姊姊看向一邊，並且往後退。案主又往前靠近她一步，姊姊轉向一邊。

當案主還想往前靠近，**海寧格說：**等等。

海寧格又選了一名外祖父的代表，並將他排在死去的姊姊面前。

當外祖父剛站在她的面前，這個姊姊開始哭泣並往後挪，然後轉身離開。她雙手伸向她的臉，跪了下來，大聲地哭泣，然後她往前彎身用手握住胳膊。案主繼續往後退。

海寧格選了一個姊姊的母親代表，並把她和這兩個人排在一起。姊姊仍然跪在地上扭動不安。母親想要去觸摸她，但她恐懼的發抖。

母親往後退了一點，摀住臉，慢慢轉過身去。孩子不停地發抖，扭動不安。她看向外祖父，他站在那裡一動也不動。

海寧格示意案主再次坐下。

孩子平靜些了。她懇求地看著一動不動的外祖父。開始哭泣，跪著轉向他，懇求地對他伸出雙手。同時，母親完全背過身去。

海寧格讓案主跪在姊姊身邊，和她一起看向外祖父。

案主摟著姊姊，姊姊握著她的手，平靜下來。

現在海寧格讓案主的兩個孩子跪在母親身邊，這時外祖父往後挪了一點點。

母親左手摟著姊姊，右手摟著兩個孩子。姊姊同時平靜下來。四個人都看著外祖父。

海寧格對案主說：對外祖父說：「是你做的。」

案主大聲而清晰地說：是你做的。

海寧格：這很清晰。

案主深深地呼吸。她右手摟著她的兩個孩子。她女兒也摟著母親。四個人緊緊相擁。

現在海寧格將案主的母親排在外祖父身邊。

海寧格對母親說：你必須去看這些。

案主和她的姊姊彼此充滿愛意的看著對方。然後案主充滿愛意的看著兩個孩子。

海寧格過了一會兒對團體說：現在一切都很清晰。外祖父母之間的問

題我們不需要處理。

對案主說：你清楚了嗎？

案主點頭。

海寧格：好吧，很好。

案主坐在海寧格身邊，並跟他握手，明顯感動了。

海寧格對團體說：她下一步要做什麼？助人者下一步要做什麼？這要如何繼續？她和助人者必須將外祖父和孩子的母親放在他們心裡。

案主點頭。

海寧格：同時將這一切留給這個孩子。這是很難的一步。

海寧格把外祖父的代表叫過來。
海寧格對這個代表說：在你的內心對這個外祖父尊敬的鞠躬。

他慢慢地鞠躬。

海寧格：現在你站直，轉過身，你又是你自己了。

代表轉過身，如釋重負的笑了。

海寧格對團體說：有人承擔如此沉重的代表工作的時候，我們可以用這樣的方法讓他脫離出來，這是必要的。對那些不是如此沉重的代表，就沒有這麼必要了。

●出於軟弱的幫助，出於力量的幫助

海寧格：我想說些關於愛的東西。太多的愛是軟弱。有很多的愛是因為人們無法承受一些東西，因為他們無法忍受一些人和他們的命運。因此，他們成了助人者。

　　一個年幼的孩子無法承受家族裡所發生的事件：發生在母親、父親身上事物，以及他們的命運、他們的愧疚。因此，這個孩子想要去拯救。然後，孩子為父親承擔一些東西，為母親承擔一些東西，為家族裡其他人承擔──出於軟弱。這個人變成了一個懷著愛的助人者，但他的愛源於軟弱。

　　很多的成人助人者仍然在這樣的孩子模式下助人。有些東西他們無法承受，嘗試要去改變。但並非因為別人需要這種改變。他們在沒有尊重他人的偉大與命運，以及在沒有尊重他人的愧疚的情況下承擔了一些東西。

　　當孩子學會、懂得去愛與尊敬：那帶領父母及一切事物的偉大力量時，孩子便會成長。

　　同樣地，助人者獲得力量後，也會以不一樣的方式去幫助他人。他們承受他人的命運，然後他們就可以支援他人，以他人可以承擔自己人生的方式支援他人。這通常也是放棄出於軟弱的助人方式。這就是另一種愛。

在調和一致中的助人方式

　　我還想說另一些有關助人的事情。我在這裡處理的方式類似於園丁的工作。園丁做些當下需要的工作，然後讓事物自然生長而不去打擾。我在這裡做的是，我只和案主一起走當下必要的幾步，為他或她的成長而服務。我一直敬畏著這演化成長的法則。

　　如果你將此與另一種態度比較，當有人說：「我會幫你解決。」你會看到這個人表現得像個處理一些沒有生命的東西的技術人員，他只會在東西修好以後才感到滿意。

　　我嘗試要遵循靈魂的法則。園丁的重要特質是耐心，以等待果實成熟的適當時機。

與對立和解

　　我要補充一點有關瘋狂。瘋子就是那些無法讓事物連結在一起的人。瘋子內在必須應付互相對立的雙方，並且與雙方一起相處，但他們做不到，因為互相對立的雙方處於衝突，如加害者與被害者之間有些未化解的事。由於同時代表雙方，所以這個人就瘋了。通常這意味著，精神分裂。

　　這也許和語言障礙有關。目前這只是一個假設。有些人語言混亂，尤其是口吃。因為對立雙方都同時想要有話語權，互相對抗。一個人想要說些什麼，但另一個不允許他說。一個人想要些什麼，另一

個卻反對他。這就引起口吃,或者其他語言障礙。

　　當我在這裡工作的時候,這個圖像就出現在面前。當對立雙方可以共同在靈魂層面和解,語言混亂就可以減輕。然後話語就像得到和解一樣,以條理清楚,整體互相一致的形式出現。

　　關於這點的要求是,類似的情形也必須發生在助人者的內在。助人者也必須引導對立的靈魂在他們內在彼此回歸。

流浪的孩子

錄自墨西哥工作坊

真實的人生

海寧格：通常我們會想像一個真正幸福的童年看起來是什麼樣子，以及什麼會為我們預備最好的人生。像是，無瑕疵地，充滿愛意的父母，永遠在我們身邊，竭盡所能的支援我們，保護我們不受任何傷害，這樣的孩子會遭遇什麼樣的人生呢？他們會瞭解生命中的苦難嗎？以及這些苦難所帶來的挑戰嗎？他們又能多富有彈性呢？他們會適應人生嗎？當事關生死，甚至面臨更大的困難的時候，相對於那些有著苦難童年的孩子，他們常常處於劣勢，遭遇悲慘。

在德國，我有時候將大學的學生和在拉丁美洲六、七歲賣報紙的孩子比較。他們已經多麼的堅強，多麼的自立！他們如此年幼，卻已經知道為家庭的生存承擔責任，毫無疑問的為此貢獻！多麼的機警，多麼堅韌的內在！

我對他們有著最深的尊敬。他們瞭解生命的苦難，以及了解生命對我們最終的要求。

●案例：請求你

海寧格要一個十三歲的男孩來到他身邊坐下。他雙手插在口袋裡走過來，害羞又笨拙。

海寧格對這個孩子說：你還不習慣這種工作形式。

孩子很感動，看著地面。

海寧格：看著我就好了。

男孩身體前傾的坐著，身體上半部轉向海寧格，他從下面往上看著海寧格。然後他又去看地面。

海寧格：這樣對我也可以。稍微看到我就夠了。

海寧格把手放在男孩的膝蓋上。

海寧格：當我看著你，我看到你對他人放棄了希望。很顯然地你經歷了很多困難的事情。

男孩點頭。

海寧格：我看到了。

男孩又去看地面。

海寧格：有時候，在漆黑的夜晚，人們熱切的等待太陽升起。黑夜之後重見陽光是很美的。有時候生命也是這樣。在這裡，一個新的黎明也在黑夜之後來臨。我們應該尋找光明嗎？尋找那屬於你的光明嗎？

男孩一直看著地面。

海寧格：再看著我。

男孩看著海寧格，然後笑了。

海寧格：我看到你感覺多了一線希望了。告訴我一些有關你人生的事情。

男孩深深地歎氣，開始哭泣。海寧格用胳膊摟著他，摟了很長時間。男孩將頭靠在海寧格胸前。過了會兒海寧格鬆開手臂，男孩不再看他，看著地面。海寧格再次把他拉近，男孩主動把頭靠在海寧格胸前。

過了一會兒，男孩自己鬆開，他再次看向一邊，然後看著地面。

海寧格：告訴我一些關於你父母的事情。
男孩：我該說些什麼呢？
海寧格：有關你與父母的經歷。
男孩：我和父母關係不好。
海寧格：發生什麼事？
男孩：我離家出走了，因為我再也無法忍受。
海寧格：當時你多大？
男孩：十歲。
海寧格：後來你去了哪裡？
男孩：流落街頭。

海寧格等了很長時間。整個過程他的右手一直放在男孩背心位置。

男孩仍舊一直看著地面。

海寧格：所以你知道如何獨立生活。

又是長時間的停頓。

海寧格：偶爾你也會拜訪父母嗎？
男孩：是的，偶爾也會。
海寧格：你想說點有關這方面的事情嗎？
男孩：不想。
海寧格：我來和你做個小小練習。閉上眼睛。想像你的父母，想像當你出生時他們是怎樣看著你的。他們是怎樣把你當成自己的孩子的。他們餵養你。他們幫助你，你也得到允許，和他們住在一起。他們所擁有的不多，但是他們盡了自己最大的努力。

　　作為孩子的你滿懷愛意的看著他們。他們是你唯一可以依賴的人。然後你開始長大。你看到父母的艱難。也許你還看到他們沒有辦法養育你。然後，也許你在內心對他們說：「我不想成為你們的負擔，現在我要自己照顧自己。然後你們會感覺輕鬆一些。」所以，你跑了。但是你偶爾會去看他們。你對他們說：「我已經自己承擔了，我已經足夠堅強來自己承擔了，但是我很想念你們，請懷著愛意看著我。」

過了一會兒海寧格收回他的手。男孩保持著同樣的姿勢，看著地面。然後海寧格將手放在男孩的手上。他們很長時間的保持這樣的姿勢。

海寧格過了一會兒：你現在怎麼樣？

孩子看著海寧格。

男孩：很好。

海寧格：我還要再為你做一件事，可以嗎？

男孩點頭。

海寧格選了男孩父母的代表，將他們排在一起。母親排在父親的左邊。當男孩看到時，他用手捂住眼睛。海寧格將他排在父母的對面。**海寧格對男孩說，想像你剛從街頭回到家裡。看著他們。**

很長時間他們都一動也不動。然後母親從父親身邊挪開一小步，然後再一小步，再一小步，她一邊挪一邊看著地面。

過了一會兒，海寧格選了一個代表，要求他仰躺在母親面前的地板上。當他躺下的時候，母親往後退了一小步，但一直看著這個死者然後又退了一小步。這個死者一直看著母親，然後他看著男孩。母親迅速地看著父親，但父親一動也不動。他一直看著前方。

過了一會兒，母親跪下來看著死者。死者來回看著母親和兒子，他向男孩伸出手，但又縮回來，開始大聲的哭泣。此時母親站起身來，又往後退了幾步。

她把左手放在胸前。父親一直保持不動。

海寧格過了一會兒對男孩說：你知道那個躺在地板上的人可能是誰

嗎？

男孩：我。

海寧格：這是個死去的人，他和你的母親有關係，他可能是誰？

男孩：我的阿姨。

海寧格：她發生了什麼事？

男孩：我不知道。

海寧格：你的母親看著地面，那表示她看著一個死去的人。有沒有可能那個死去人是你母親的孩子？你對此有所瞭解嗎？

男孩：不知道。

此時，母親將雙手放在她的胸前。

海寧格：有些東西我們可以很清楚的看到。你的母親無法照顧你。她被其他的東西強烈的吸引。因此你只能依賴你的父親。

海寧格讓男孩靠近他的父親。男孩站在父親的右邊。父親右手環著兒子，左手放在他的肩上，男孩眼睛看著地面，雙手插進口袋，這樣的姿勢他們保持了很長的時間，男孩一度輕輕的抬起頭，但很快又沉下去，再次看著地面。

海寧格過了一會兒對男孩說：你也在看一個死去的人？也許是一個朋友？

男孩：是看一個朋友。

過了一會兒，海寧格選了一個人代表他的朋友，讓他仰躺在這個男孩

的面前。另外那個死者的身體轉向一側。母親退到更遠的地方。

海寧格：去到他那裡。

男孩去到死者那裡哭泣。

海寧格對男孩說：跟隨你內在的移動。

過了一會兒，對死者說：你感覺怎麼樣？
死者說：我和他感覺一樣。我也看著一個死人。

男孩和死者互相對視。然後海寧格把男孩的手放在死者腹部。

過了一會兒，**海寧格**對男孩說：你內在感覺如何？
男孩說：我很傷心。
海寧格：對他說：「我懷著愛想念你。」
男孩：我懷著愛想念你。

過了一會兒，海寧格讓男孩再次站起來，轉向他的父親。

海寧格：看著你的父親，對他說：「我是你的兒子。」
男孩：我是你的兒子。
海寧格：「請將我當作你的兒子那樣看待。」
男孩：請將我當作你的兒子那樣看待。
海寧格：「接受我作為你的兒子。」

男孩：接受我作為你的兒子。

海寧格：「請求你。」

男孩：請求你。

父親摟著他。男孩的手放在口袋裡。海寧格幫助男孩用雙手摟住父親。父親和兒子很長時間保持這樣的姿勢。父親親吻他，撫摸他的頭。男孩一直轉頭背向父親。父親再次撫摸兒子的頭和背。過了一會兒，他們放開彼此。

海寧格對男孩說：你現在怎麼樣？

男孩：挺好。

海寧格：我在這裡打住。祝福你。

案例：愛

海寧格對另一位同樣是流落街頭大約十八歲的年輕人說：你有什麼議題？

年輕人：我非常有攻擊性，也經常感到孤單。

海寧格：當你很有攻擊性的時候，你會做什麼？

年輕人：我會做些我沒有意識到的事情。然後我會無法控制自己。

海寧格：你家裡還有什麼人也是具有攻擊性的？

年輕人：我父親的家族，我母親的家族也是。

海寧格：發生了什麼事？

年輕人：我父親這邊，他的父親非常有攻擊性，並且還有另外一個太

太。我母親的家族裡有個舅舅的兒子自殺了。這個舅舅殺了他姊姊的男朋友。

海寧格：當有人有你這樣攻擊性的感覺，那麼，他是認同了他家裡的某個人。你可能是認同了這個殺了姊姊男朋友的舅舅。因此，我們要來看一下。也許我們可以找到一個讓你解脫的方法，好嗎？

年輕人：好的。

海寧格選了殺了姊姊男朋友的那個舅舅的代表，舅舅自殺的兒子的代表。然後他選了舅舅的姊姊的代表，還有那個被殺的姊姊的男朋友代表。

　　海寧格讓被殺的姊姊的男朋友和舅舅相對而站，姊姊站在她男朋友的旁邊。他把舅舅的兒子排在遠離舅舅的姊姊後面。

　　那個被殺的人馬上往後跌倒在地上，他仰面朝上躺著，雙手張開。然後，一聲巨響，舅舅也往後跌落在地，四肢大張，躺在地上。

　　當年輕人看到這些，他開始抽泣。海寧格用胳膊摟著他，年輕人頭靠在海寧格胸前，呼吸沉重。舅舅的姊姊維持不動，站在躺在地上的男朋友旁邊。

　　年輕人靠在海寧格胸前，大聲的哭泣。

海寧格對團體說：這裡誰是有罪的人？

他手指著舅舅的姊姊，舅舅的姊姊是有罪的。

她一直站著，紋風不動。

海寧格：誰為這個罪行付出代價？

他指著舅舅自殺的兒子。他為此付出代價。

年輕人閉上眼睛繼續哭泣。

海寧格對年輕人說：現在，去到舅舅姊姊那位被謀殺的男朋友那裡。擁抱他。

海寧格把他帶到地上那個被害人身邊，讓他跪在他身邊。年輕人看著被殺的人，大聲的哭泣。但他沒有勇氣去觸碰他。舅舅的姊姊仍然一動不動。

海寧格對年輕人說：對他說：「我在心裡給你一個位置。」

年輕人大聲哭泣：我在心裡給你一個位置。

海寧格過了一會兒：觸碰他，這是可以做的，觸碰他。

他很小心翼翼地觸碰這個死去的人，並把一隻手放在他的胸口。舅舅的姊姊轉過頭，低頭看著這兩人。年輕人平靜了下來。他的哭聲也安靜下來。海寧格讓他站起身來，把他帶到舅舅那裡，那個殺人犯那裡。他又開始哭泣。海寧格讓他跪在舅舅身邊，他跪下來，大聲哭泣。

海寧格過了一會兒：也觸碰他。

他小心翼翼地把一隻手放在舅舅胸口，大聲的哭泣。

海寧格過了一會兒：看著他說：「我在心裡給你一個位置。」
年輕人大聲的哭泣：我在心裡給你一個位置。

他繼續大聲哭泣。過了一會兒海寧格讓他起身。然後海寧格把舅舅的姊姊帶到被殺的男朋友身邊。

海寧格對舅舅的姊姊說：看著他。

年輕人站在海寧格身邊，靠著他。海寧格一隻手摟著這個仍然在大聲哭泣的年輕人。

海寧格對舅舅的姊姊說：蹲下靠近你的男朋友。

她跪在他身邊，把一隻手放在他胸口，彎腰靠近他，擁抱他，大聲的哭泣，撫摸他的臉。他閉上了眼睛。

海寧格對團體說：他閉上了眼睛。直到現在他才安息。

海寧格帶著年輕人去到舅舅自殺的兒子身邊。他站在他前面，低頭看他。

海寧格：告訴他：「我在心裡給你一個位置。」
年輕人大聲的哭泣：我在心裡給你一個位置。
海寧格：蹲下靠近他。

他蹲下靠近他，大聲的哭泣。

海寧格：觸碰他。

他把一隻手放在他胸上，平靜下來。但這個死去的兒子看向他的父親。

　　海寧格讓舅舅站起身來，把他帶到他兒子身邊。

海寧格對舅舅說：下去靠近他。

舅舅跪在兒子身邊。兒子對父親伸出手。父親握著他的手，然後兒子閉上眼睛。

海寧格對團體說：現在他的兒子也閉上了眼睛。他為父親贖罪。他為此付出了代價。

舅舅躺在兒子身邊，閉上了眼睛。
海寧格讓年輕人起身，轉向大家。

海寧格：現在往前看，看著這個世界。對所有在場的人說：「現在我站在這裡，我的生命為和平服務。」
年輕人深呼吸：現在我站在這裡，我的生命為和平服務。
海寧格：看著所有人。告訴他們：「現在我服務於愛與和平。」
年輕人：現在我服務於愛與和平。

他深深的呼吸，海寧格握著他的手。

海寧格：現在，你的手真的變得很柔軟了。

他仍然深呼吸。

海寧格：再也沒有人需要害怕你了。
年輕人：是的。
海寧格：好吧，祝福你。
年輕人：謝謝。

他們擁抱，握手。

學校

錄自墨西哥的系統教育工作坊

*系統教育（systemic pedagogy）

系統教育

海寧格：我想先談談系統教育。系統教育是什麼意思呢？它的意思是：我們不只看到孩子，更在孩子身上看到他們的父母。有一次有位老師跟我說，當她站在她那二十位學生面前，她不只看到二十人，而是六十人，這意味著她同時也看到他們的父母。當老師們能看到孩子背後的父母，他們就能瞭解孩子。與此同時，老師們亦可以感受到自己的父母與祖先，在自己的背後。

誠然，西方有「完美父母」的概念。我不知如何回應這個觀念。我父母不算理想，但是很好！我要推出一個新觀點，一個革命性的觀念，就是：所有的孩子都是美好的，所有的父母同樣都是美好的。

●按父母原來的樣子如實地尊重

尊重我們自己的父母，尊重我們照顧的學生的父母，這是良好教育的基礎。我把這份尊重凝聚在一件小事上。我寫信給媽媽，即使她已去世多年，我仍寫了。

親愛的媽媽：

你是一個平凡人，就像其他千百萬個女人一樣平凡。像一個正常的女人一樣，你懷有我，在你子宮內孕育我。然後你生下我、餵哺我、關心我、看顧我，就像一個平凡的女人一樣。你是一個平凡的女人，對我卻是最好的母親，是我能擁有的最好的母親。就是這樣，

我愛你，一個平凡的女人。我把你從我對你許許多多的期望中釋放出來，對一個平凡女人來說，這些都是難以企及的過高的期望。你給的，遠超過我這個平凡的孩子所能冀求的。

當我們看著自己的父母、所有的父母、以及學生的父母，他們所有的事都做對了。父母都做對了所有的事，好使生命能得以延續。在這一點上所有父母都是完美的。當我把父母都放在心中，任何人都可以告訴我：他們想在父母那兒得到什麼，我尊重他們。

●靈性場域

事實上，所有人都深深嵌在一個系統中。系統中不只有父母，還有祖父母及祖先。在系統中有很多事情發生，有好事，也有壞事。過去對現在仍然有著影響。

在這個場域中，我們所有的祖先仍然存在，所有發生過的事物也都仍然存在。在這個場域中，所有事物都在一起共振，我們都被影響。

結果是什麼？沒有人能跟他的現在有所不同。我們的父母不能跟他們的過去有所不同，我們不能跟我們的現在有所不同，而且，我們的學生們，也不能跟他們的現在有所不同。

當看著在學校引起問題的學生，我們知道他們不能跟他們現在有所不同。當我們看著他們的父母，和他們來自的家族系統，我們就可以明白為何他們是這個樣子。

●與被排除的人共振

有一件事你們必須謹記心中。當一個家族成員被摒棄在外，即使

是很多代以前發生的事，系統就會被擾亂。當一個孩子的行為未符合我們的期望，即是說他在看著一個被系統摒棄的人。這個表面上有行為問題的孩子其實是在呈現著一種特別的愛。如果我們想和這個孩子一起做些什麼，我們可以站在他身旁，跟他一起望向那個被摒棄的人。也許我們可以跟孩子的父母談談，也許能夠找出這個被摒棄的人是誰。當我們也和父母一起看著這個人並尊重他，這個人就重新被納入家族系統中。接著，孩子就能夠改變。不只孩子會改變，整個家族都會改變。老師一旦明白這種連繫、而又有機會這樣做，他就會對這個家庭產生影響；他就不只是純粹地教授知識，而是以系統教育對家庭及社會產生影響。

對於某些只是看到學生的老師們，當他們感到無法有任何進展時，會有一份鬱悶，這種經驗會令他們消耗殆盡。有一種很簡單的治療方法可以對付這種消耗：我們帶著愛來看孩子，然後超越他，看到他們的父母，在心中給他們一個位置。忽然之間，我們就不再是自己一個人去面對這些問題。這些我們曾經扛在肩膀上、獨自為孩子承擔的責任，現在，我們可以跟他們的父母分擔，並且帶著自信去面對我們的工作。

我會以實例示範如何與有困難的孩子工作，我們將看到那幾個解決之道浮現。我們的構思是：老師們提出一個與孩子之間有困難的個案，然後，我會跟他們一起找出一個可行的解決方案。

親愛的媽媽

海寧格問一位老師：你有什麼個案？

老師：第一學期時有一個學生，他十分貧窮。最近他表現得非常挑釁，一位老師就摑他巴掌。此外，在人面前他難以發言，說話也說得很小聲。同學叫他小名「靜音」。

海寧格：他有多大了？

老師：十五歲。

海寧格：好，讓我們看看可以做些什麼。

海寧格為男孩選了一個代表，並排列出來。代表立即看著地面。

海寧格問老師：你知不知道他媽媽的事？

老師：只知道很少。

海寧格：孩子望向地面。當人看著地面，代表他看著一個死人。

海寧格選了一個女人代表那個死人，讓她平躺在男孩代表前面的地上。女人仰望著男孩。男孩非常感動，慢慢跪在她身旁。過了一會，他坐在自己腳跟上，向她深深躬身。女人捉住他的胳膊，並撫摸他。他坐直身子伸手向她，然後把她的手放到自己眼前。

　　海寧格選了一個女代表站在男孩背後，她慢慢地轉過身子背向二人。

海寧格向大家說：這個死去女人的目光越過（looks past）男孩，看著他後面。

另一個女人顯得非常焦躁，上身猛然地前後擺動。

海寧格把男孩代表帶離這一點，但仍可以看到兩位女士。

海寧格問男孩代表：現在覺得怎樣？好些或是更差？

男孩代表：好些。

海寧格對團體說：問題在那兩個女人之間，與男孩無關。

另一個女人轉向死者，死去的女人一直看著她，向她伸手。另一個女人一邊扭曲身子、一邊來到地面，啜泣著。慢慢地，她滑到死者身邊，觸碰她的手，平躺地上；然後又躺在她的肚子上。死去的女人環抱著她，倆人溫柔地抱擁。

海寧格對團體說：這圖像是，這另一個女人是男孩的母親，死者是女人的母親。
可能這位女士很早就失去了母親。她不敢走近她。現在男孩可以說出一句之前他未能說的話了。
海寧格對男孩說：跟你母親說：「親愛的媽媽。」
男孩代表：親愛的媽媽。

海寧格把男孩帶到兩位女士面前，他母親的代表抬起頭看著他。

海寧格對男孩說：「親愛的媽媽。」

母親代表坐直身子，向她的母親道別，站起來，把孩子擁抱入懷。他們擁抱良久。死去的女人平躺在地上，闔上了眼睛。

海寧格對團體說：死去的女人已經闔上眼睛安息了。她已經被承認與被愛。現在她可以闔上雙眼了。

對代表說：謝謝大家。

對老師說：你現在怎樣了？

老師：很好。

海寧格：現在你可以明白你那學生了。如果你能探訪那位母親並告訴她這裡所發生的事，這將會是一件美事。學生不應在場，你只要跟母親談就可以了。

老師：這位母親現在就在這裡。

海寧格：太好了！

對老師說：這樣就可以了。

誰屬於家族系統？

海寧格：我想說一些屬於我們系統的事。當我們在系統層面工作，或者觸及系統時，我們會找出那些對現在有影響力的人，他們的命運能夠在我們現在的生活中扮演角色。因此，每一個與我們相關的人，都是我們系統中的一部份。我們一定要很清楚這一點。因此我會把他們羅列出來。

系統最底層的是孩子，所有孩子，包括流產的孩子。這一點跟我早年寫的書有些出入，墮胎的孩子也包括在內。所有孩子都包括在家族系統之中。

往上一層是父母與他們的兄弟姊妹。父母旁邊有叔伯姑姨，但不

包括他們的配偶、堂兄弟姊妹及表兄弟姊妹。只包括父母及他們的兄弟姊妹。再上一層，是祖父母與外祖父母，但不包括他們的兄弟姊妹，只有祖父母。有時候也有例外，如果祖父母輩的兄弟姊妹有艱難的命運，也包括在內；但多數時候只包括祖父母與外祖父母。

偶爾也包括某些曾祖父母，但只在少數。以上都是有血緣關係的親屬。

不過，也有一些沒有血緣關係、但卻屬於家族系統的人。以非親屬來說，父母與祖父母的情人便屬於其中，也包括他們的前任情人與伴侶。他們全部都是屬於「為家族系統成員，騰出位置的人」。父母任何一方之前如果有過婚姻，而後來這些伴侶去世、或者分開，因為有這些前任伴侶的離開，騰出了空間，所以才有了我們的父母或祖父母，因此他們都屬於這個家族系統。

●牽連

是什麼讓我說出上述的話呢？在系統排列的案例中，會呈現出第二段婚姻中出生的孩子，會模仿前任伴侶，孩子會與前任伴侶發生牽連。例如有一位父親，他深愛他的女兒，然而這個女兒始終對他怒氣沖沖。他不禁自問：「我到底做錯了什麼？」

他究竟做錯了什麼？他與他的第一任妻子離異，並不是說這一定是錯的，但是女兒卻代表前任妻子的感受。這個女人被排除在外，也許他們曾經很負面地談論過她。

在一個系統裡沒有人可以被摒棄，那些被摒除在外的人，都會由其他人來代表。這裡的解決方案為何？這位父親得尊重他的前任妻子，例如對她說：「我很愛你。對於我們的分開我感到很抱歉，不論原因是什麼。」然後他可以告訴她：「請友善地看待我的第二任妻子

及我的孩子們。」當前任伴侶得到尊重，她就能夠變得和善。當她被接納到系統當中，女兒就再也不必繼續代表她。透過這個例子，我也解釋了何謂糾葛。一但前代有人被排斥或遺忘，後代一定有人會代表這位前代。這些代表前代的人，會變成行為有困難的學生。所以，我們一定要讓系統回復序位。

序位從哪裡開始？在我們的靈魂中。這意味著：老師們可以把學生整個家族系統納入心中。

例如，有些人會抱怨，有些學生甚至會埋怨他們的父母，父母也會抱怨他們自己的父母，或者讓他們傷心難過。老師們就是要把這些被抱怨、被排斥的人，放進自己的內心。老師可以在內心當中將這個系統的序位還原，這樣老師們便能幫助到他們了。

●誰屬於家族系統？（續）

我再說一次：隸屬於家族系統的有孩子、父母和他們的兄弟姊妹、祖父母，有時包括曾祖父母、父母的前任伴侶、祖父母的前任伴侶。此外，系統仍包括更多人：那些遭受損失卻令家族得益的人。我曾在富有的家族中看過。那些鑽油的、建鐵路的，工人為此喪失生命。他們的財富建築在他人的死亡上。這些失去生命的人，也屬於這個家族系統中，並以這種方式呈現：例如這類企業的一位繼承人，在經營一段時間後，有意無意地令企業走向下坡，這位繼承者其實是認同了這些失去生命的人；又或者是擁有奴隸的家族，之後會有家族成員表現得像奴隸一樣。他們其實是認同了這些奴隸，感覺自己也是奴隸中的一份子。

●練習：不協調與和諧共振（Dissonance and Resonance）

現在，我會帶大家做一個練習。閉上眼睛。意識進入身體，感受一下身體哪一個部份有痛楚。哪個器官有不適？哪處肌肉繃緊？哪一塊骨頭不舒服？這個器官正與你的身體不協調。但依照我的經驗，這器官也許在尋找一個被家族遺棄了的人。這器官正在與那被排擠的人共振。透過這痛楚，那被排除在外的人被帶出來，並得到我們的注意。

現在，我們進入這個器官，與它同在，與那個被排擠的人同在。我們對他說：「現在，我看到你了。現在，我愛你。現在，我把你放入心中。」

如果我們像這樣地把這人放入心中，病痛會舒緩一點。透過把被排除在外的人重新帶回家庭之中，我們可以重獲健康。

我會把這些再走深入一點。試想像：你走進一個大禮堂，像是走進一座大教堂。這裡有你系統中所有成員的雕像，有的站在前方；有些仍在黑漆漆的背景中。我們走向每一個人，走向每一尊雕像。忽然間，一尊雕像為我們活過來。我們看進這個人的眼睛裡去，深深鞠躬，對他說：「謝謝！」

之後我們走到更深入黑暗的雕像那裡，我們一直等待，直到他們都活過來。然後我們向他們深深鞠躬，說：「現在我看到你了，無論你的命運或者罪疚是怎樣的，我都把你放在我心中。」

當我們把他們一一放在自己的心中，我們可以感受到內在的變化。我們可以感受到自己如何成長，如何變得更完整。最後，與家族所有成員連結。

以同樣的方式，我們看著我們的學生，尤其是那些令我們擔心的學生。我們與他們一起，看著那些藉著學生的行為而引起我們注意的那些人，我們把他們一一放在心中。這些人在協助我們去幫助這些學生。

現在大家比較能瞭解何謂系統教育了吧！這比起只是看到學生，實在是好得多了。

有學習障礙的學生

海寧格問一位老師：是什麼事？

老師：我有一個三年級的學生有好幾科都不合格。我們不知道要怎樣做才好。

海寧格向大家說：我對此個案只有一點背景資料。但我們可以透過家族系統排列找出緣由。現在，我會選一位男孩代表。看看事情會有怎樣的進展。

海寧格選了一位代表做排列。

海寧格對代表：專注，讓自己跟隨靈魂正在發生的事而流動，我們會觀察。

男孩代表看著地上，雙拳緊握。他垂下頭。他慢慢地轉身離開，坐在地上，深深鞠躬。

海寧格選了一個代表，代表死去的人，讓他平躺在男孩代表身

前。

　　男孩代表暴力地揮動拳頭，猛力擊打地面。

　　海寧格再選一位代表，放他在男孩對面，死者在二人中間。

海寧格對團體說：躺在地上的，是一個已死去的人。他剛剛用自己的手觸摸男孩的頭。問題是：這位學生正在代表著誰？他代表著一個殺人兇手。但這與男孩自己無關。他只是代表系統中的某人。

這段期間，男孩平靜下來。第三位代表跪到死者身旁並彎身向他。很明顯，他代表一位加害者。

　　海寧格叫男孩代表起來，帶他遠離這場景。

海寧格：現在覺得怎樣？

男孩代表：我被釋放了。

與此同時，另一位代表彎身朝向死者，差不多就是男孩剛才的位置。

海寧格指向那代表：這就是問題所在的地方。

海寧格指著男孩代表：他是無辜的，但他認同了那個兇手。

男孩代表聳聳肩，甩走些什麼，並後後退離一些。然後他轉身。與此同時，另一個代表躺在死者身旁，二人的手緊緊相握。

海寧格向大家說：現在，殺人者與他的受害者開始和解，他們手牽著手。現在兇手在啜泣。他們已經和解了。

海寧格向男孩代表說：再一次轉過身來，看看這個場景並鞠躬。之後再站直身子，轉身離開。

之後，**海寧格**問道：現在覺得怎麼了？

男孩代表：好多了！

海寧格向代表們說：謝謝！

過了一會，**海寧格**問老師：這男孩是精神分裂的患者。是嗎？

老師：可能是。

●精神分裂症患者的背景

海寧格：我們剛才見到精神分裂背後的基本動力。精神分裂不是病，而是家族系統的問題。家族裡有精神分裂，即是曾發生兇殺案。有時得向上追溯好幾代。這兩位：受害者和加害者，都被排除在家族系統之外，大部份是那加害者，但死者亦有被排除。系統的基本動力是：當有人被排除在外，就得有其他家族成員代表他。因此一定要有晚輩代表受害者與加害者兩人。可是這二個人並沒有和好，這位晚輩的代表在靈魂裡感受到兇手與死者二人之間的對立，因而變得混亂。

　　在這樣的情況下，什麼能夠帶來療癒？在這次排列中，我們回到凶殺發生的情境，把受害人和兇手都放在這裡，直到雙方和好。在這裡我們可以看到這次復合是怎樣成功的。

　　當這樣謀殺事件發生了，且發生在好幾代之前，那麼，之後的每一代都會出現精神分裂者。因為系統一直帶著未和解的事情來前進，

所以系統是精神分裂的。家族中一定要有一個成員擔當起這個任務，通常是由家族中具有最大的愛的成員所擔任。這是為什麼精神分裂會一代傳一代地出現。因為在系統之中，所有的成員彼此之間互相共鳴，所以我們可以回到許多代之前，把一些事情重新納入正軌。就像我們剛才在這裡所做的一樣，復合與療癒就會如漣漪般，從事件發生的一代，一直傳送到今天。

海寧格對老師說：這男孩現在自由了。現在，孩子已經處在一個較好的位置。整個家庭也會感覺較良好了。問題是：你現在要做什麼？你去告訴孩子的父母這裡發生過什麼，孩子也可以在場。你告訴他們在這裡發生的事，然後離開。之後，我們等待這家庭傳來有好改變的消息。

最近，我在德國有一場類似的排列。一位老師講到班上有個非常具攻擊性的學生，把他趕出校園似乎是唯一可行的解決方法。我們做了一場排列。就在這天傍晚，孩子回家後，就有了轉變。曾經有三個月時間，他完全轉變了性情。之後又故態復萌。因為這關係到家族系統中每一個成員怎樣看待這事，直到他們把每個人都放在心中。不只男孩要這麼做，他爸爸也一定要這麼做。

海寧格對老師說：所以，有時候老師得額外做一些需要做的事了。可以嗎？祝福你和學生一切安好。

患厭食症的女生

海寧格對老師：這次是關於什麼？

老師：是關於國中一年級班裡有一位女學生。

海寧格：她多大？

老師：十二歲。今天她與父母都在場。她常常病得很嚴重。

海寧格：她有什麼病？

老師：她有憂鬱症及飲食失調。

海寧格：你說她飲食失調指的是什麼？

老師：厭食症（anorexia）。

海寧格：這就夠了。

海寧格選了學生代表、父親代表和母親代表。之後，他請老師排出三者彼此之間的關係。

　　她把父親放到一個對妻子視而不見、望向遠方的位置。女士站在他左前方，她也是對他視而不見，看著他身後遠方。女兒站在父親身後右方，面對著他。

海寧格對團體說：當我們看到這個場景，就可以清楚知道家庭互動的形態。相當清晰。

他把父親帶到他所看的遠方，遠遠離開了家庭。

海寧格問父親：在這裡的感覺怎樣？好點還是差些？

父親代表：一樣。

海寧格對他說：你不夠集中。我必須要換掉你。

海寧格替換了另一個人做父親代表。

海寧格對團體說：為什麼我會換掉他？當他走出來的時候，他雙手扣住，首先放在小腹前，之後也把手扣在背後。我問Angelica：「他是否有排列的經驗？」她回答：「有。」但是我很懷疑。當一個人說：「我的感受一樣。」他並沒有接觸到。不可能一樣的。為了可以幫到那女孩，我決定換掉他。

海寧格現在帶另一個父親代表離開這個家庭。

海寧格問這位代表：在這裡感覺怎麼樣？好點還是差些？

父親代表：很差。

海寧格：丈夫遠去了，母親覺得怎麼樣？

母親代表：我不想直視他，但我希望他在身旁，感覺到他。

海寧格把女孩放在父親身後。

海寧格問女孩：在這裡覺得怎樣？好點抑或差些？

女孩代表：在這裡可以看到他。

海寧格：你覺得好些還是差些？

女孩代表：好些。

海寧格問大家：這裡的動力是怎樣的？

當我們面對厭食症，總是有同樣的現象：父親想離開這個家庭。我們可以在這次的排列中看出來。這父親看著外面。而女兒呢？她對父親說：「寧願是我，而不是你。」那父親不只想離家，他更是想死。孩子說：「我會在你的位置死去。」在這裡呈現了這些動力。誰是案主？我要在誰身上工作？要為父親。

海寧格對老師：你對那父親的家庭所知多少？

老師：祖父過世了。這孩子的父親患有糖尿病。

海寧格：這位父親的父親過世時，他幾歲？

老師：我不知道。

海寧格向大家說：糖尿病是一種嚴重的疾病。女孩害怕父親會死去，於是她說：「寧願是我，好過是你。」

問題是：出路在哪裡？

海寧格走到父親代表那兒，把他轉向女兒。

海寧格對父親說：你望著女兒，對她說：「我被容許留下多久，我便留下多久。」

父親代表：「我被容許留下多久，我便留下多久。」

父女對視良久。女兒非常感動。

過了一會兒，**海寧格**對團體說：你們能夠看到女兒的愛嗎？和她的恐懼嗎？

對父親代表說：現在看著太太說：「我被容許留下多久，我便留下多久。」

父親代表：「我被容許留下多久，我便留下多久。」

母親迎向丈夫，伸出手牽著女兒。她把自己的頭枕在丈夫胸口。三人輕輕相擁。

過了一會，**海寧格**說：可以了，謝謝。

海寧格對老師說：你更能瞭解學生了嗎？

老師：是。

海寧格：她能在這裡看到剛才的一切，真好。可以了，祝你們一切安好。

老師：謝謝。

孩子用盡辦法拯救父母

海寧格：我想談談這種動力。這樣做會將事物的背景真相呈現。這會將學生為甚麼有困難的背景真相呈現。

我們在此沒有牽連糾葛，跟其他個案不同。在這裡，一些家庭基本的動力呈現了。孩子用盡一切辦法去拯救父母。孩子的愛非常巨大，他們甚至願意為父母而死。孩子有一個想法：以為自己死了，就可以幫助到父母。因此，老師要警覺這一點，這點非常重要。

有一個古老、並廣為流傳的觀點，是建基在一個魔法般的想法，就是——假若我們願意奉獻犧牲，神靈或命運就會賜下祝福給予我們。

最近，我聽到一個義大利家庭的故事。祖父行船至Naples時遇到暴風雨。於是他向神承諾：如果我能生還，我會把一個小孩獻給你。這種許願到現在仍是很平常的，在許多家庭中都可以見到。例如他們會期望有一個小孩將來會成為修士或修女，因此，全家可以平安。這個想法是：我們奉獻了些什麼給神，神就有義務要幫助我們。這是一

個廣為流傳的幻想。在這個家庭中，那祖父的兒子拒絕成為修士，但他孫子就做了。那兒子本想奉獻自己給神，在臨近祝聖儀式時，他對父親說：「如果要我當一輩子修士，我寧願自殺。」這舉止讓父親領悟到發生了什麼事，就對兒子說：「就我而言，你可以自由地過自己的人生，自由地活著。」

這情況是源自我們靈魂中，與人際關係中的動力。試以丈夫和妻子做為例子：男人給予妻子一些事物，妻子為此感到高興。但她感到罪疚。她想：「現在我一定要回報些什麼給他。」於是她也給丈夫一些事物。由於她愛他，她比他做得更多一些。之後丈夫又感到罪疚，出於愛，他又為她做更多一點事物。

我們有一個平衡的需要。當我們付出了，我們期望得到回報。在人類關係中這是好的。可是，現在我們把這種經驗帶入到命運或神祇之間。我們以為向命運作出承諾，祂就必定會幫助我們。這次個案的女孩說：「我代替你去死。」女孩以為她死了的話，命運就會饒過她父親的性命。這個觀念廣泛流傳，尤其是在孩子之間。在這麼多的動力中，我們一定要認知這個：「讓我來代替你。」

也有其他我們必須覺知的動力，讓我們稍後再談。我想以這次排列作為例子說明。

老師與父母

首先我想說些一般的知識。我也曾經是老師，我在非洲辦了一所很大的學校。所以，我知道老師的感受、學生的感受，以及帶領學校者的感受。

老師在孩子的生命中，是稍後才來到的。父母則是從最一開始便已經存在。他們將生命給予了他們的孩子。這是人類所能做到的最大的成就。老師在這個角度上支援父母。當老師看著學生，看到父母站在他們背後，無論學生父母是何模樣，老師都把他們放在自己的心中，因為所有父母都是完美的。作為父母，他們完美。在將生命傳遞下去的這件事情上，他們做對了所有的事。他們沒有保留，也無法添加任何事物，他們把接收到的傳下去。在這一點上，他們只可能是完美的父母。

有些父母在養育孩子時有困難，這是因為他們同樣來自有困難的家庭。然而，不論孩子是甚麼時候離開家庭，並且開始自己組織新家庭，他們都是來自做了正確事情的家庭。這個家庭可能跟其他家庭不一樣，因為事實上每個家庭都不同，每個家庭都是對的。所以，當老師遇到一個孩子時，要尊重孩子家庭的獨特性，降低要孩子改變的打算。

細看生命，會發現它有許多面向。不只每個人都與眾不同，每一個家庭也都是獨特的。每一個家庭都把特別的事物傳給了孩子。

有些人以為可以有一種理想家庭，其他家庭要效仿這個模式。但是，一個驟眼看來是很有問題的家庭，孩子經驗艱難重擔。然而，正因為這些艱難重擔，給予了孩子一種特別的力量，這是其他理想家庭所不能提供的。因此，服務生命的基本態度就是：同意所有事物原來的樣子，沒有任何改變他們的意願。

我以這種同意一切的態度與人相遇，他們毋需懼怕我，我不會想去改造他們的家，也不會批判他們。相反地，他們可以與我平等對待。這樣，我們彼此之間就有新發展的可能性。

現在我想用案例來示範：如何與一個聲稱孩子有問題的家庭相處。

之後我將多說一些。

媽媽，我將為你而死

海寧格讓一個男孩的父母坐在自己身旁。父母說兒子不願意在學校學習。

海寧格對團體說：之前我曾經跟這對父母談過。他們告訴我，他們離婚了。他們的兒子在那邊。他們說與兒子相處困難。但是孩子從來都是沒有問題的。大家知道嗎？天底下沒有問題兒童。那些看起來是問題的行為，其實是一種特別的愛。引起問題的孩子是與家庭中失去位置的人相連了。所以我不看向孩子，我讓他留在他的座位上。我先和父母談，找出孩子祕密地深深地愛著的是哪個人。於是，父母能夠用另一種眼光看待孩子，而孩子也可以用截然不同的眼光看待自己。

父母點頭。

海寧格對父母說：我馬上就喜歡他了。

父母眉開眼笑。父親仔細看著兒子，輕輕敲著他的胸膛。

海寧格：我也喜歡這位父親。媽媽呢？她有困難。我們不清楚是什麼困難。

海寧格對團體說：我會示範我們可以如何由此開始著手。

海寧格選了一位母親代表，將她排列出來。

海寧格對代表說：你代表那位母親。容許身體跟隨內在的感覺而移動。我們只是觀察。

母親代表呼吸沉重。她把手放在胸前，開始抖動，與此同時她看著地下。

海寧格再多選一位代表，請她平躺在母親代表前的地上。母親代表緊握拳頭。

海寧格叫大家：看著她的手。

母親代表雙手緊壓胸前，似乎承受著極大痛楚。

海寧格叫男孩躺在地上女人的身旁。母親代表向後退了幾步。她鬆開拳頭，但仍按著胸口，似乎正承受著極大痛苦，不時重濁地呼吸，弓起身子。

海寧格對母親代表：兒子躺在這裡之後，你覺得好點還是差些？
母親代表說話困難：我很痛苦。
海寧格見母親想說話的樣子：別說話，靠近點。

她非常痛苦地彎著身子，移近躺在地上的女人。

海寧格：看著他。

母親代表痛苦地畏縮，再次後退。之後她身子直了一點。

海寧格對躺在地上的兒子說：你在這裡感覺怎樣？

兒子：我在這兒感覺很好。

母親代表仍然非常痛苦地按著胸口。

海寧格叫兒子起來站到母親對面，中間躺著那個女人。女人看著對面的母親。母親代表平靜了下來，站直身子。

海寧格對團體說：躺在地上的女人是個死人。她看著母親代表，想從她那裡得到些什麼。可是我們不知道她是誰。

過了一會兒，海寧格叫母親本人來替換，讓她站到剛才代表的位置上。她動也不動地站在那裡，過了很長的一段時間，之後無助地用手勢表達。

過了一會兒，**海寧格**對母親說：這個死人是你的，她是一個死去的孩子。

母親：他是我的大兒子，他離我很遠。

海寧格對團體說：如果說話，能量往往會被帶走。我們可以在代表們的動作上見到所有的事情。從我們在這兒看到的每件事，我得到的影像是：死者是個被墮胎的孩子。

母親點頭。

海寧格：是的，看著他。

母親深深地呼吸，開始啜泣。

海寧格對團體說：她兒子很愛這個孩子，希望他能夠被記住。

父親亦受到感動點頭，他的呼吸也很沉重。

海寧格對團體說：我不會再做下去了；我只是呈現事情的背景真相。現在，我們可以更明白孩子發生了什麼事。
現在，我簡單地解釋這裡的動力：這母親想要死去，她想追隨著死去的孩子。她的兒子對她說：「親愛的媽媽，我將為你而死。」因此，他不需要在學校做任何事，有去做的意義嗎？如果他想死，他再也不需要做任何事了。

海寧格把父親放到兒子對面。

海寧格對父親說：等一等。先進入你的感覺，之後看著你兒子。

父子倆對望著彼此。父親向兒子微笑。海寧格輕推兒子移近父親。父親迎向兒子，二人相擁良久。之後，海寧格叫兒子轉過身來，領他向前走幾步。

海寧格問兒子：你在這兒有什麼感覺？好點抑或差些？
兒子：差了。

海寧格叫父親再坐下。

海寧格向大家說：兒子覺得好多了。我們可以觀察到他在那裡的感覺比跟父親在一起的時候好。父親沒有給予他足夠的支持。我會在此打住。謝謝所有代表。

父母與男孩坐在海寧格身旁。

●依循孩子的命運幫助孩子

海寧格對團體說：當老師的有時得面對這樣的情況：遇到有困難的孩子。孩子無法在學校裡再得到些什麼，你可能會想從他們的父母上那兒得到幫助。但有時你無法從父母那兒得到任何支援，就像這個個案。問題是：我們之後還可以做些什麼？我從你的表情中就可以知道——這是一個難題，因為你得常常面對這類的情況。
對學校的主任們說：現在我跟你們共同做一個練習。

海寧格安排兩個主任並排，男孩站在他們對面；男孩身後遠處站了一個男孩命運的代表。

海寧格對主任們說：別看著男孩，看著他的命運。

過了一會，女主任向男孩的命運鞠躬，然後再次抬頭。

海寧格對主任們說：你們現在感覺怎樣？

第一位主任：好些。

第二位主任：好些。

海寧格對團體說：大家看著男孩，他現在的感覺怎樣呢？他好些了。

海寧格對代表們說：謝謝。

對團體說：作為助人者，我們常常有一個觀點，就是：必須不計任何代價地保持他人的性命，幫助他們活出幸福的人生。但是，我們都曝露在一個更偉大的力量之下，而我們的努力可能無濟於事。不要只看著一個需要幫助的人站在面前，我們看到他身後的遠處。突然，我們感覺到那裡有另一些比我們偉大得多的能量在運作。於是，我們可以平靜下來。我們也可以常用一個新的目光看著孩子，不帶任何擔心。當主任們都微笑點頭，**海寧格**便道：這就是釋放。現在，我要特別為老師們做一些事。

●沒有擔心

海寧格對團體說：當這種情形出現，父母雙方都有牽連，而且牽連持續了好一段時間，我們無需擔心。

海寧格對父母說：我不擔心這位母親，也不擔心那位父親。有些事情被呈現出來以後，也在我們靈魂之中設定了一些運作。

靈魂的移動會有作用，尤其是對那母親。這個動力會持續運作，它有它的時間。幾個星期或幾個月之後，你可能會驚訝有些事物發生了改變。持續驚訝吧！好嗎？祝你們一切安好。

父母向海寧格致謝。

海寧格向父親說：你兒子需要他的父親，在心中給他一個位置。

身體穿孔戴環

海寧格對團體說：有些訊號我們一定要注意，在學生身上的亦然。那些身體上穿孔戴環的人，實質是放棄了對生命的尊重。這個男孩就是其中一個。

你會對一個你喜歡的人做這種事嗎？你會在他身上打洞嗎？他們卻對自己的身體如此做！他們拋棄了他們的生命。這是一個訊號，我們要認真對待。

幸而，一個穿了孔的人當然仍可以摘下環飾。

海寧格對男孩：可以嗎？

他點頭。

困難兒童

海寧格對團體說：我想談一談疾病。可能大家會以為跟這個個案沒有關係。但是，我曾見過有些人患病，尤其是患了能危及生命的重病或身體特別的痛苦，這重病和痛苦是跟一個被家族遺忘或摒棄的人共振。所以，即使那疾病離開了我們，它也會走去其他人身上，想引起我們注意他的存在。當我們尊重這個人，把這個人放在心中，那疾病會離開。通常可以很簡單地便離開，因為它已經完成了它的任務。

這跟困難的孩子一樣。困難的孩子與另一個人共振，就好像在這兒的男孩。他與那被墮胎的孩子共振。我們想紓緩困境，例如，對孩子講我們都知道沒有效果的智慧忠告。而更好的辦法是，與孩子一起看著那位希望回到家族中的人。單單這個想法已經可以寬慰孩子了，孩子不再覺得是被我們「處理」，而是一起同行，走一段路。之後，孩子和我們在一起時會感到安全。

隱藏的愛

海寧格對一個十六歲的孩子說：我聽說你在學校裡有點活潑好動。是嗎？

男孩：是呀。

海寧格：當你很活潑時你是怎樣的？

男孩：我在班上有時會有點調皮。

海寧格：當你要在班上調皮時，是什麼樣子的呢？

男孩：我會變得暴躁。

海寧格：你精力相當充沛啊！

男孩：是啊。

海寧格：當一個人尚未懂得善用這種能量時，他就一定得像這樣調皮的。

男孩：是的。

海寧格：家中還有誰像你這般活力十足的？

男孩：沒有。

海寧格：你是家中唯一像這樣的？

男孩：是的。

海寧格：你父母仍然在一起嗎？

男孩：沒有。

海寧格：發生了什麼事？

男孩：他們十年前分手了。

海寧格：現在你跟誰在一起？

男孩：跟爸爸。

海寧格：你很喜歡他。

男孩：是。

男孩很感動，點頭。

海寧格：我可以看得出來。

男孩很快樂，點頭。

海寧格：你爸爸近況好嗎？

男孩：很差。

海寧格：他怎麼了？

男孩：他身體很糟。

海寧格：他得了什麼病？

男孩嘆氣：他的肺有水腫和腎功能衰竭，不知道他還有什麼其他的病。

海寧格：可以了，我會為你和你父親一起工作，好嗎？

男孩：好。

海寧格選了父親代表並排列他。

海寧格對代表說：現在把這男孩的父親納入心中。注意身體發生的事，跟隨它。然後我們希望得到一個對大家都好的解決方案。

父親代表站了很久，沒有移動。

海寧格問男孩：你父親家庭中有沒有曾經發生過那些特別的事？

男孩：例如呢？

海寧格：有沒有人很年輕就死去？

男孩：有。

海寧格：誰？

男孩：他父親。

海寧格：你爸爸失去父親時，有多大？

男孩：十九歲。

海寧格：他父親的死因是什麼？

男孩：我真的不知道。

海寧格：你有家人在此嗎？

男孩：我媽媽在。

海寧格叫了母親出來，坐在自己身旁。

海寧格對母親說：孩子父親家族中發生了什麼事？

母親：祖父四十五歲那年在一次胃潰瘍手術中死去。

海寧格選了一位代表，叫他平躺在父親前面。

海寧格對團體說：這代表的視線看著地下，所以我叫人躺在他身前。我不知道他是誰，可能是他父親。

過了一會兒，海寧格領男孩站到父親對面，中間隔了那個死者。

海寧格對男孩：對你父親說：「請留下。」
男孩：請留下。
過了一會兒，**海寧格**：再說一遍。
男孩：請留下。

他的拳頭緊握，聲音帶侵略性。

過了一會兒，**海寧格**：大聲喊出來。
男孩：請留下！

他深情地喊叫出來，哭了。海寧格要他再大聲重複幾次。男孩嗚咽了。

海寧格把男孩帶到父親面前，說：「請留下。」
男孩：請留下。
海寧格：「求求你。」
男孩：請留下。

海寧格：「求求你。」

男孩：請留下。

海寧格：「求求你。」

男孩：請留下。

海寧格：「求求你。」

男孩：求求你。

他仍緊握拳頭。父親不為所動。

海寧格對父親說：告訴他：「我快要死了。」

父親：我快要死了。

海寧格對男孩：說：「請留下。」

男孩：請留下。

海寧格對父親：說：「我快要死了。」

父親：我快要死了。

海寧格：「我病重，快要死了。」

父親：我病重，快要死了。

海寧格：「像我父親一樣。」

父親：我病重，快要死去。

海寧格：「像我父親一樣。」

父親以清晰的聲音說：像我父親一樣。

父子倆對望良久。男孩仍緊握拳頭，呼吸沉重。之後，他垂下頭，放鬆了拳頭。

海寧格對男孩：說：「親愛的爸爸。」

男孩：親愛的爸爸。

海寧格：看著他說：「請留下。」

男孩：請留下。

海寧格對父親說：告訴他：「即使我死了，你永遠都是我的兒子。」

父親：即使我死了，你永遠都是我的兒子。

海寧格領兒子走近父親。他們深深地擁抱良久。父親緊緊擁著兒子，輕拍他的背。當他們鬆開對方，父親手搭著兒子肩膀。他們彼此對望了很久。男孩呼吸沉重。父親向後退了一步，海寧格讓父親躺在他已去世的父親身旁，並看著他。然後把兒子轉個身來，好讓他能看到父親和爺爺一同躺在地上。

　　父親與祖父彼此對望，手牽著手。

過了一會兒，**海寧格**對男孩說：向你父親和祖父說：「在我的生命中，你們會一直活著。」

男孩：在我的生命中，你們會一直活著。

海寧格：「我會活下去，為的是紀念你們。」

男孩：我會活下去，為的是紀念你們。

海寧格：「我會用我的人生做一些偉大的事，以此紀念你們。」

男孩：我會用我的人生做一些偉大的事，以此紀念你們。

男孩非常感動。他呼吸沉重，再次緊握拳頭。

過了一會兒，**海寧格**對男孩說：躺在他們身旁。

他躺在父親身旁，仔細看著父親。但父親沒有看他。

海寧格問男孩：你在這兒感覺好點還是差些？

男孩：差些。

海寧格問父親：兒子躺到你身邊時，你覺得怎麼樣？

父親：他躺在我身邊時，我覺得很不舒服。

海寧格：叫你的兒子：「走開！」

父親：走開！

海寧格示意兒子起來。兒子起來並轉身。

海寧格：現在你覺得怎麼樣？

男孩：我很傷心難過。

海寧格把男孩的身子再次轉向父親和祖父，在對著他們的另一邊，海寧格放了一個人，代表死亡。

海寧格對男孩：這是死亡。

男孩緊握拳頭，但死亡沒有動。男孩呼吸沉重，再次望向地上的父親。男孩呼吸越來越急促，明顯地充滿了憤怒。

過了一會兒，**海寧格**對男孩說：去告訴死亡：「我會征服你！」

男孩的聲音帶有攻擊性：我會征服你！

海寧格：「大聲喊出來。」
男孩攻擊性地大叫：我會征服你！

他瞪眼怒視死亡良久，充滿攻擊性。

海寧格：「我會征服你。」
男孩：我會征服你。
海寧格：「即使要付出我的性命。」
男孩用挑戰、攻擊性地聲音：即使要付出我的性命。

他依然緊握拳頭。死亡依然不為所動地看著死者。

海寧格對男孩：死亡不看你，對他而言你是不存在的。

男孩再望向躺在地上的父親和祖父。過了一會兒，他深深地吸了口氣，哭了。他哭得整個身子顫抖。不時望向死者，不時垂下頭來。他擦乾臉上的眼淚。他掙扎良久，漸漸地騷動終於平息，最終他鬆開了拳頭。

海寧格對男孩：告訴你父親及祖父：「我會在此多逗留一會兒。」
男孩：我會在此多逗留一會兒。
海寧格：「之後我也會死去。」
男孩：之後我也會死去。
海寧格對大家：他現在鬆開了手。現在，攻擊的行為已經結束了。
海寧格對男孩：現在你與真實在一起了。現在你大得多了。只有小孩

會狂怒。同意嗎？

男孩：同意。

海寧格對代表說：謝謝大家。

男孩坐在海寧格身邊。

海寧格對母親：你覺得怎麼樣？

母親嘆氣：好些了。

海寧格：你不是擁有一個優秀的兒子嗎？

母親：是，一個優秀的兒子。

海寧格：他有這麼多的愛。

兒子深深呼吸。

母親：是。

海寧格：的確是。

男孩放鬆了下來，細細看著海寧格。海寧格俏皮地在男孩的背心之間打了一下。

海寧格說：你已經被冊封為騎士了。

男孩笑了，大家都一同歡笑。海寧格與男孩握手。

海寧格：行了，祝你一切安好。

大家大聲鼓掌。

海寧格對團體說：我剛剛打他一下，只反映了事情的一面。當生命中出現重大的改變，是需要打他一下的，但可能不需要像剛才那一下那麼用力。之後，轉變會根植在他的神經系統中。

對在場的老師說：當他回到課堂，老師會很高興，那兒只有好學生。每個人只需要找出隱藏愛的地方，這裡美妙地呈現了把愛隱藏的地方。

●全能的力量和無力感

我們在這裡要注意一個重要事情。許多人以為生命掌控在他們手裡，好像擁有超越生命與死亡的力量。孩子們尤其相信這點。因此，在孩子靈魂中常有一個觀點，以為自己在父母的位置上擔起一些苦，父母就會好過些；好像透過他們的犧牲，就有能力可以救贖父母。在他們的靈魂中，有時他們會說：「由我來代替你死，比較好。」這給予他們感受到全能的力量。

孩子如何成為成人？要透過深切明瞭：自己的能力實際上是多麼有限。要達到這個境界需要艱苦掙扎。很多大人仍然抱持著一個觀點，以為自己可以把其他人從他們的命運中釋放出來。有些老師也以為他們可以改變學生。有人甚至以為自己可以改變世界。他們也會很快地發現：這是不可能的。這場放棄幻想、面對現實的掙扎，非常困難。我們可以和男孩一起看到這一點。他剛才打了一場硬仗，但他成功地走過來了！

短暫的生命

海寧格對一個在工作坊舉手，大約十五歲的男孩說：你有什麼類型的煩惱？

男孩：你是什麼意思？

海寧格：你常給人帶來麻煩？

男孩：是的。

海寧格：你給他們帶來哪一種煩惱？

男孩：我不能投入學校學習。

海寧格：哈！你是不是懶惰呢？我曾經也很懶惰，但那時候我很小。

他們彼此取笑。

海寧格：你不信嗎？

男孩：不。

海寧格：對有些人來說，是不值得費勁在學校做任何事情的。

男孩看著海寧格，似乎在等他繼續解說。

海寧格：尤其是那些覺得——他們反正是不會長大的人。

男孩神情顯得憂鬱並點點頭。

海寧格：他們為什麼還要努力？

他們看著對方。之後男孩若有所思地看著地下。

海寧格：我會告訴你一些事情。反正要死了，怎麼還會想去學校上課呢？人人都會這樣，不想上學。

男孩點頭。

海寧格：這是人生的另一個課題。

他們彼此對望，男孩點點頭。

海寧格：閉上眼睛。想像你自己回到童年。然後你爬上一道人生的梯子。每一階梯代表一年。你往上爬，一步一步長大到今天。
過了一會兒。**海寧格**：現在，在你前面還剩下多少級階梯？

男孩顯得很嚴肅。

男孩：十。
海寧格：這是很少的。

男孩搖搖頭。

海寧格：十級不算很多。不值得在學校努力。

男孩變得十分嚴肅。

海寧格：我們兩個一起做些什麼事好嗎？

男孩點頭。

海寧格：真的？

海寧格向男孩伸出手，男孩牽著。

海寧格：你同意？

男孩點頭。

海寧格：好。那麼我會跟你一起做些事情。告訴我一些家庭的情況。
你父母仍在一起嗎？
男孩：是。
海寧格：你有兄弟姊妹嗎？
男孩：有一個姊姊。
海寧格：父親或母親先前有沒有其他伴侶？
男孩：我不知道。

男孩說他父母也在會場中。海寧格請他們上來坐在自己身邊。

海寧格問父親：在你原生家庭中有沒有發生過什麼特別的事？

父親：有一件謀殺。

海寧格：誰被殺了？

父親：我媽媽的父親被殺了。

海寧格：被誰所殺？

父親：被某個兇手。我們不知道是誰。

海寧格：當時你外祖父有多大？

父親：大約四十歲。

海寧格選了一個人，代表被殺的外祖父，並將他排列出來。過了一會兒，他東張西望，然後旋轉移動。他四處張望，似乎是看著遍地的死人。

海寧格對父親說：你外祖父是否曾經參與戰爭或其他衝突？

父親：他是一個拳擊手。

海寧格：拳擊賽事中可有任何人死去？

父親：沒有。

海寧格：他看著很多死人。

父親：我不知道他有沒有殺過人。

海寧格：我沒說他殺過人，但他卻是看著很多死人。

父親：他的兒女很多在年輕的時候便死去。我母親現在六十歲了。從她四十八歲開始，她就有許多奇怪的病。

海寧格：我來試試看。

海寧格選出六位女性代表，讓她們躺在外祖父身前的地上。過了一會兒，他叫男孩也和她們一起躺下來。

外祖父跪了下來，想一個一個地碰觸到那些女士；但是她們想避開他。

海寧格對團體說：你們可以看到女士們是怎樣地害怕他。

外祖父跪著移動，漸漸躺在一個女人身旁。他想觸摸她，但猶豫。

海寧格對團體說：外祖父害怕碰觸她們。
過了一會兒，對男孩說：你在這兒覺得怎樣？
男孩：這與我無關。
海寧格：的確是這樣。生命既已終結了，這些跟他就不再有關係。

外祖父繼續躺在地上，接觸到第六個女人。海寧格叫男孩起來，坐到他身旁。

海寧格對母親說：你家庭中有沒有發生過什麼特別的事？
母親：沒有。

海寧格叫外祖父躺在死去的女人身旁。

海寧格問外祖父：感覺在這兒好些還是差些？
外祖父：我比較平靜。
海寧格對代表說：你們可以回到座位上了，謝謝你們。

現在海寧格排列父親並在他對面安放了一個女人。

海寧格對女人說：你是家族中的祕密。

過了一會兒，祕密轉過身，背向父親。
　　父親後退一步，然後再一步。

海寧格對父親：你知道祕密是什麼嗎？
父親：我猜想是我媽媽。
海寧格：她發生了什麼事？
父親：我認為她不想活。
海寧格：嗯哼。

海寧格把父親帶到祕密，也就是他母親的面前。

海寧格對父親說：看著她並跟她說：「請留下。」

父親非常感動，但也遲疑。之後他看著地下。

過了一會兒，**海寧格**說：「請留下。」
父親：請留下。

他與母親對望良久。過了一會兒，海寧格帶母親走開，離開兒子。

海寧格問這位母親：你在這兒感覺怎樣？

母親：好些。

海寧格讓父親及他母親代表都坐下。

海寧格問男孩：你現在感覺如何？

男孩：我也對此有疑問。

海寧格對團體說：我們到此已不能有任何進展。這裡有一個祕密。

對男孩：我有一個建議：以後生活，就當自己只剩下十年的壽命。

男孩：要怎樣做？

海寧格：要怎樣做，由你自己決定。十年。你可以從現在就開始。

男孩：你的意思是？

海寧格：表現得就像自己只剩下十年的壽命。

男孩沉思良久，之後顯得焦躁不安。

過了一會兒，**海寧格**對男孩說：看著你的父母，對他們說：「十年，我一定可以活這麼久！」

男孩看著他父母說：我會至少多活十年。

海寧格：「我要表現得好像至少有十年可活。」

男孩：我要表現得好像至少有十年可活。

男孩與父母彼此對望良久。之後男孩把視線轉離開父母。

海寧格對男孩說：再看他們一次，然後說：「你們不用擔心。」

男孩：你們不用擔心。

海寧格：「至少以後十年我仍然會從事些什麼。」

男孩：至少以後十年我仍然會從事些什麼。

海寧格：「可能是從事一些讓你們覺得很好、很安慰的事。」

男孩開始跟著說，但突然停下來大笑。他的父母也加入。

海寧格：好，我就在這裡打住。

對男孩：祝你一切安好。

●如果我活下去，祝福我

海寧格對大家：我想概略地作一些補充。

當我們仔細思想今天早上所看見的事，我們看見表面揭露出來的重要的事物。但是在這些事件背後，我們也看到了另外有事物在運作，一個人對某種未輕易顯露自己的事物有憐憫之情。例如，一個學生在學校行為奇怪，有人會說：「嗯，他可以改變，他只需要多些好的想法便可以了。」但事實並不如此。其他的力量在運作，牽涉在其中的人並不明白真正所發生的事。

我與那位父親再談了一次，收到一些回應。我再一次重新思考整個過程。例如，在我排列外祖父時，場內有些女人受到驚嚇。她們感到受威脅。我們從排列之中看到的變得越來越明顯，一定發生過一些恐怖的事。

對父親：然後我排列出「祕密」，你說這是你的母親。它顯示出你的母親想死。她為什麼想死？她想去外公那些死者那邊。

當你說：「這是我的母親」的時候，你在微笑。你知道有些事情在這兒隱藏了。我設想：在你心中你其實想對母親說：「寧願是我而不是你。」你兒子感覺到了。所以他對你，即是他的父親，帶著深深的愛說：「寧願是我而不是你。」

之後，在休息時，我對父親說了一些可能會幫到孩子的話。那男孩應該去到那些死者和你外祖父那裡，對他們說：「祝福我，如果我活下去。」然後，他應該去到你母親那兒，用心地對她說：「祝福我，如果我活下去。」而他從心坎裡對你——他的父親，說：「親愛的爸爸，祝福我，如果我活下去。」

對父親：你正在實踐這個了，當然你正在這樣做。

父親感動點頭。

父親：我在心裡正這樣做。

海寧格：的確是，你在心裡正這樣做。

父親：謝謝。

●糾葛

海寧格對團體說：我們深深陷在家族的命運中，跨越很多代以前。我們如果遇到行徑怪異，超乎我們理解的人，我們知道他們被一股他們不知道的事物束縛。然後我們的視線越過他們，不加任何干涉，尊重他們獨特的命運。透過我們尊敬命運，沒有想去改變，他們會得到力量。

我們常有一個人類「自由意志」的觀念。我們有些自由意志，但

是有限制。當涉及生死大事的時候,是其他的力量在掌控。

那麼我們可以做些什麼?我們把自己交託給這個力量,也關心自己的命運。當我們把自己交託給這個力量,有時會幫助其他人,不過,是與這偉大力量一致的方式來幫忙。

那麼,老師的工作可以輕鬆點,父母也可以更輕鬆,孩子的感覺也更好。背後是一份堅定的信心,深信——到最後所有事物都會融合;而由我們所製造出來、分別好壞的觀念,也會漸漸瓦解。到時,我們不再分好人和壞人,取而代之的,人人都只是人。

我很愛你的父親

海寧格:還有誰仍想跟我一起工作嗎?

一位老師叫了一位十六歲的女孩上來,坐在海寧格身邊,她母親也在。女孩略微看了海寧格,微笑,看著地板。

海寧格對大家:當你們看著她,可知道她的靈魂及感覺是在幾歲嗎?三歲。她三歲時發生了一些事。
對女孩:發生了什麼事?
海寧格問母親:她三歲時發生了什麼事?
母親:她三歲時,我們搬去與我現在的丈夫同住。

女孩哭了,然後啜泣。

海寧格：她爸爸怎麼了？

母親：她父親離開了我們，跟另一個女人走了。

海寧格：她想念她父親，這是我們立刻就可以看到的。她想念父親。

海寧格細細看她。她用力地搖了搖頭。

海寧格對團體說：她搖頭。你們知道原因嗎？她害怕在母親面前承認這一點。

海寧格細細看著她母親。

海寧格對母親說：告訴她：「我非常愛你的父親。」

母親：我非常愛你的父親。

海寧格：帶著愛說。

她想立即回應，**海寧格**就說：慢慢地說。回憶你以前有多愛他。然後，從靈魂說出來。

她深深嘆氣。

海寧格：看著她。

母親：我非常愛你的父親。

母親深深感動。女兒哭了。

海寧格叫母親坐在女兒旁邊，擁她入懷。她抱著女兒，親她、撫摸她。然後她們手牽著手一同坐著。

海寧格對團體說：以上就是我要做的。

對母親：祝你一切安好。

●雙親

海寧格對團體：我要講一講這個課題。每個孩子都有雙親。孩子總是需要雙親的。孩子一定要被允許愛自己的雙親。孩子並不明白為什麼父母要分手。孩子公平地愛他們兩個人。但是，有時父母分開了，孩子跟母親生活，那麼他在各方面都依靠母親供給。有時，孩子會很怕表露出對父親的愛。因為他們害怕：這樣的話會激怒母親，孩子可能連母親也會失去。但孩子對父親的愛，會默默地持續下去。當孩子能在母親口中聽到：她原來是深愛著父親的。她就可以在母親面前表現出她也是愛父親的，於是乎孩子就可以感到釋放。

　　現場這位母親很明白這一點。現在孩子可以坦然地說出她愛她父親，她明白到自己可以走近他了。這令她感覺良好。現在她很快樂。

對女孩：很好。你可以呈現對父親的愛。你的母親也很高興。

母親與女兒一起笑了。媽媽抱著女兒親吻她。

海寧格對團體說：這是會持續下去的。

媽媽，我會為了你做任何事

一個年約十四的男孩坐在海寧格身旁。

海寧格對這男孩說：你好。你想和我一起工作嗎？

男孩：是。

海寧格對團體說：他是很有力地說的。

對男孩：我喜歡這一點。你可有困難？

男孩：有。

海寧格：是哪些困難？

男孩：在學校和家裡的。

海寧格：在家裡的情況怎樣？

男孩：我很容易對爸爸生氣。

海寧格：除了你以外，還有誰對爸爸生氣？

男孩：只有我。

海寧格：我知道還有誰生氣，當然是你媽媽。你明白我是怎麼看出來嗎？你是你媽媽的寶貝兒子。

男孩仔細看著海寧格，反思良久。

海寧格：如果你媽媽說：「我尊敬你父親。」會怎樣？

男孩：為我？我會好開心。

海寧格：真的？那我們試試，看看當中感覺如何，好嗎？

男孩：好。

海寧格對團體：如你們所知，我個人可能常出錯，但排列不會錯。

海寧格選了一個代表，他是「短暫的生命」排列中的男孩。

海寧格向男孩說：我可以信賴你嗎？

男孩點頭。

海寧格：你是他父親。

之後海寧格選了一位母親代表。她是之前「我深深愛你的父親」那次排列的女孩。

海寧格對所有代表說：你們小心察覺身體和靈魂的變化，要如實地表現出來。

母親代表看著地下。想轉身離開，但遲疑。
　　海寧格叫一個女人平躺在母親前面的地上。過了一會兒，母親代表退後幾步。女死者顯得很煩躁。
海寧格安排男孩站在母親代表面前。

海寧格對男孩：告訴你媽媽：「媽媽，我會為了你做任何事。」
男孩：媽媽，我會為了你做任何事。
海寧格：從內心裡慢慢地說。

男孩：媽媽，我會為了你做任何事。

他們互相對望良久，母親緊握拳頭。

海寧格對母親說：告訴他：「我很憤怒。」

母親：我很憤怒。

過了一會兒，**海寧格**對男孩說：再次對她說：「媽媽，為了你，我會做任何事。」

男孩：媽媽，為了你，我會做任何事。

海寧格對母親說：告訴他：「我很憤怒。」

母親：我很憤怒。

母子倆彼此對望良久。然後，海寧格把男孩帶到一旁，於是母親就直接面對著那死去的女人。

海寧格對母親說：對這死去的女人說：「我很生氣。」

母親：我很生氣。

海寧格：「我不要你。」

母親：我不要你。

海寧格：「走開！」

母親：走開！

海寧格：大聲說出來。

母親大聲地喊：走開！

她握緊拳頭大叫。她再向後退幾步。死去的女人轉身向著她。

海寧格對母親說：大聲說出來。

母親： 走開！

現在海寧格帶男孩去到父親代表面前。他們彼此對望了很長的一段時間。

海寧格對男孩： 對你父親說：「親愛的爸爸，請以看著你兒子的目光，來看待我。」

男孩： 親愛的爸爸，請以看著你兒子的目光來看待我。

海寧格： 「在這兒，你是大的，我是小的。」

男孩： 在這兒，你是大的，我是小的。

海寧格： 「我只是一個小孩。」

男孩： 我只是一個小孩。

海寧格對大家： 如果你們仔細聽，會聽到他說得就像自己是個大的。

男孩微笑地看著海寧格。

海寧格： 再說一次：「親愛的爸爸，請以看著你兒子的目光，來看待我。」

男孩： 親愛的爸爸，請以看著你兒子的目光，來看待我。

他仍以傲慢的聲調說，大家都笑了。

海寧格對男孩： 現在跪下，抬頭望向他，說：「親愛的爸爸，現在我尊敬你是我的父親。」

男孩： 親愛的爸爸，現在我尊敬你是我的父親。

他以傲慢的聲音說出，父親不為所動。

海寧格把母親帶到女死者可以看到她的位置。死者向她伸出手。再一次，母親退後幾步。海寧格再次把她帶近死者。

海寧格對母親：現在我看著你。
母親：現在我看著你。
海寧格：「作為我的子女那樣看著。」
母親：作為我的子女那樣看著。
海寧格對母親：走近些。

母親漸漸走近，直到死者能伸出手觸摸到她的腳踝。母親就此站定。海寧格再次走向男孩。

海寧格對男孩：對父親說：「請以看著你兒子的目光，來看待我。」
男孩再次以傲慢的聲調說：請以看著你兒子的目光，來看待我。
海寧格對父親說：對他說：「還不可以。」
父親：還不可以。
海寧格對兒子：跟隨你的感覺移動，感受它。
男孩站起來。
海寧格對團體說：這不是真正的移動。我們可以看得見真正的移動是什麼。那些恨父親的，會失去他。
對男孩：再說一次：「請以看著你兒子的目光，來看待我。」

他以傲慢的語氣再說了一次。

海寧格對團體說：他失去了父親，可憐的孩子。沒有力量。沒有父親，沒有力量。

過了一會，**海寧格**對男孩說：現在向父親說：「救我。」

男孩：救我。

海寧格對團體說：不可能了。他失去了父親，也失去了母親。

母親也沒有分毫移動。

海寧格：我就在此打住。

對代表們說：謝謝大家。

海寧格對父親代表及母親代表說：你們兩位代表非常好。我可以信賴你們。

對大家：這父親一定不能做任何令兒子好過些的事。既然兒子鄙視他，父親就不能被允許去做任何令兒子輕鬆一點的事。父親的代表充分展現了這一點。

這裡的動力是什麼？母親為了一個孩子的死而內疚。她不想要這個孩子。她很憤怒。

對男孩說：她想死。你對她說：「為了你，我願意做任何事—甚至去死。」

過了一會兒，**海寧格**說：只有一個人能夠拯救你，就是你的父親。但只有在你尊敬他的情況下才會發生。

這男孩變嚴肅了。

海寧格：讓這個過程在你靈魂內進行。可能你終會找到一條出路，但只會在你變小時，在你父親面前變得幼小，才可以找到。在父母面前，我們永遠都是小的。

對大家：那些認為自己比父母大的人，其實已經失去了雙親。他們必須裝作大的樣子，但沒有真正成為大的。

對男孩：我想你現在明白我的意思了。

祝你一切安好。

他們握手。

海寧格對老師們：這兩位代表不是很優秀嗎？他們仍然未受到任何汙染。兩個都很好。這說明我們也可以跟年輕人，甚至是小孩做排列。他們有時甚至比成年人的排列，更容易水落石出。我們總是能倚賴孩子靈魂中的美好。

海寧格教育法

海寧格教育法是一門系統化的教育法。它對學校帶來什麼影響？

當CUDEC Alfonso Malpica C'ardenas的會長和主任向我深深表達感謝的時候，我很感動。因為系統教育法已然重新挽回父母對學校的信任。

這是我第三次探訪這所學校。在2001及2003年，學校都邀請我藉由家族系統排列去幫助家長、教師和學生。作為特別嘉賓，我在會議

上獲得全場起立鼓掌，感到掌聲像是不會停止似的。

　　某種程度上，這會議對系統教育法是一次實質的認可。在CUDEC中，系統教育法實踐了好些年，奠基了這一套教育法的發展。而我也得強調：這項成就得歸功於早年開始探索的先鋒Angelic和Alfonso Malpica，這套方法才有可能誕生。

　　我曾以家族系統排列，督導家長和學生的個案，處理的問題包括欠缺專注力、過度活躍、閱讀障礙、精神疾病、濫藥、飲酒等。教師面對這些問題時，常常覺得未能靠一己之力，對教學內容作出適當的調整。

　　學生犯錯、出問題時，起因是什麼？是學生的錯嗎？是父母、教師還是校方的錯？我發現解決方案在於，將目光放在學生的家族歷史，而不是有問題的行為。

　　參與者可以深刻地觀察到：在家族系統中，孩子的愛是怎樣牽連其中；而一個孩子對家族某位成員的忠誠，又可以怎樣地影響他的學習情況。透過家族系統排列可以清楚看到，老師若只看到學生的行為問題，老師就會失去力量。但如果老師能看到孩子、和在他背後的父母，並尊榮他的家族歷史、及和孩子的成長環境，老師就能與孩子的命運共鳴，也能跟他整個家族系統和諧一致。

　　與此同時，老師也可以感覺到自己的父母站在背後，並且尊榮他們。這樣老師便與自己的力量連結。然後，老師就能專注在自己的職責上，並將贏得家長的基本信任，只有這樣他們才能教導學生。老師將尊嚴還給孩子和家長，並且自己站到適當的位置。

●正確的序位

採用系統教育法，在學校的行政方式上，也必須按系統所呈現的現象運作。主管們向員工指出問題，而我示範了其中一種圍圈的方式。在圈中，主管給予機會，好讓每個人都有發言的機會，到最後可以達成一個能關注每個人的合宜的方案。

主管們和屬於下一級行政等級的教師，彼此之間的凝聚力是很重要的，這一點變得越來越清晰。一個工作上反抗校長、主任的老師，不會長久地站得住。同樣地，如果老師聯合學生對抗其他老師，也不會站得住。

一個辦學團體是一個有序位的系統。第一位是主管，然後是教師，除了優先次序之外，他們是平等的。先來教學的前輩，比後輩的次序優先。新入職的教師有時會帶領舊人怎麼去做好某件事，往下看吧，問題正在醞釀。重點是：要去承認每個人的資格、能力和權限，因為人人都是不同的。

當我們承認每個人的方式都是好的，每個人都用他獨特的方式教學；那麼我們彼此之間就能和諧。

要處理令人生畏的筋疲力竭綜合症候群，老師一定要被允許站到適當的教育者位置。

父母總是站在首位，其次是學生，最後是老師。最低下的地方，是老師最安全的教學地方，那是可以擁有最多力量的地方。他們與命運的共振會給予援助，於是乎老師就可以接收力量去教學。

老師一旦真的看到自己是學生——家長——老師，序位中最後、最低的一員，只有這樣，教學所需要的基礎才可以得以奠定。這樣的話，老師就不會覺得太孤單了，他們（學生家長）分擔了重擔；如此

老師退後一步，繼續帶著喜樂教學。

　　彼此尊重是優良教育的基礎。

第二部

愛的課程

神祕的意識（I）

2013年義大利Bozen工作坊

簡介

海寧格：我很高興來這裡，同時有一位好的譯者在我身旁。

工作坊的題目是：人生中的成功—工作上的成功。生命的成功先來，其次是工作上的成功。為誰成功？就在我們身邊坐著的人，與我們在一起的人，成千上萬，都等候著我們的成功。他們當中有的來自我們的過去，有的是我們親人，有的可能已經被遺忘、被排除或被批判。有些等待某種救贖，等一種能把他們釋放、可引領他們進入另一種境界的自由，連同我們，進入另一種愛的境界。如果我們進入這樣的擴展中，你們可以接受嗎？

現在，我們可以認知到，每一次失敗，並不只是我們的；同樣地，我們的抱怨，也不只是我們的。有其他人正藉由這些徵狀來引起我們的注意。他們正向我們說：請求你。

●冥想：自信

閉上眼睛。我們進入我們的身體，我們內在變得開闊。我們看到很多來自家族的成員，還有很多來自我們的過去。我們逐一對他們說：「是啊！是啊！你歸屬於我，我歸屬於你。」

我們感受到內在的轉變。什麼東西在我們裡面變得完整了。忽然間，我們把渴望移去背景的地方，包括自己對這工作坊原本的設想期望。我們感覺到被另一股力量支持著和帶領著。

我們剛剛做了什麼呢？我們剛剛向著成功踏出了一大步，向著很大的成功。

示範：光

　　我以一個示範作開始。誰願意面對這個移動？誰夠膽敢走這條路？我望望四周，我知道我是被另一種力量帶動。之後我選取某人。你們之間誰想體驗一下？

海寧格選了一位腳受重傷的男人。歡迎他，讓他坐自己身邊。

海寧格對男人說：現在閉上眼睛。

過了一會：在那裡，擺在我們面前有很多很多死者，很多。他們都睜開了眼睛。他們看著你我。我對他們說：「我認得你們。我家族中很多死去的人與你們躺在一起。」我們彼此對望議論：「我們在這兒幹什麼？有什麼事物要我們做嗎？或是我們要站起來，轉過身，見到光？」突然之間，我們知道大家都活著，各自不同的活著，終於回到家了。

　　現在，我們的目光跟隨著這些死去的人，進入強光之中。我們升起，踏出第一步走進光中。突然間我們感到輕盈，被一股偉大的力量支持著、帶領著。我們融化在光中了。

過了一會，**海寧格**對男人說：你覺得怎樣？

男人：我覺得開闊，同時也覺得踏實。

海寧格拍拍男人的肩膊：我會和你一起做個練習。

海寧格選了一個女人作為代表，安排她隔著一段距離面對男人。

海寧格對女人說：看著他。
對男人說：幫助是從她而來的。
對女人說：允許自己被移動，被指引，不帶意圖，純然在這兒。

過了一會，女人蹲下，然後坐下。

海寧格對男人說：在她身旁和身後，有更多。

女人平躺在地上。

海寧格對第一排的參與者，約有十五個人，說：你們就是那些其他
人。

這些參與者慢慢向躺在地上的女人移動。她盡可能遠離他們。當其中
一個死人碰到她的腳，她尖叫；但那死去的女人不放開她。其他死人
四散。有一個離開眾人，遙望遠處。大部份死者圍著地上的那個女
人，有幾個跪在她身旁，輕撫她。其他人看著臺上的男人。男人相當
感動。其中一個死去的女人跪在他身前，輕撫他受傷的腳。之後她站
起來，另一個站到她身旁，雙雙望著那男人。她倆走近他，其中一個
輕撫他的臉。

過了一會，**海寧格**：我在此打住。

多謝各位代表。

對男人說：一如你所見到的，你不孤單。祝你安好。

對團體說：大家好嗎？你們可有與我們同行、一起通往成功之路？與許多人一起，在你的左右兩旁嗎？在你後面嗎？還有走在前面的嗎？

被帶領（Taken along）

　　再次閉上眼睛。我們看著我們的人生，從以前到現在。可能我們一直都很孤單，只有自己一個人。但是，其實我們的旅程是在一個巨大隊伍的行列中。在我們左邊、右邊都有很多人。我們後面亦然。我們向左右兩邊的人伸出手，突然間，我們感到自己和其他人一樣，是在同時被帶領著的。我們想像我們向前踏了幾步。每一步，我們都放下一些事物。再多走幾步，再一次，我們再放下一些。再踏向前，再放下……

　　然後，道路往上行。我們進入，慢慢地，一步接一步，我們的目光集中往上，我們感覺變得輕盈，再輕些，再輕些。我們問自己：為什麼我們要背負這麼多？只為了負重？現在它已脫離我們墜落。我們深深呼吸，再向前走一步；然後攀登至一個更高的高度。

示範：突破

海寧格：我會做另一個有關成功人生的排列。誰想來？

對一位參加者說：如果你沒有記筆記，我會選你。寫字的話，就不能與另一股力量連結。心在另一端，不在紙上。所以，誰想來？

海寧格選了一個女人，讓她坐在自己身旁。

對女人說：閉上眼進入內在，對某人說：「已經結束了。」

過了一會兒：現在，在心中對這人說：「我恨你。」

女人拉下臉來，尖叫，大聲叫喊。

海寧格：這是憎恨的另一面。真實的感覺是不同的。任何一個以受害者姿態出現的，想從別人身上獲得同情的人（女人重重地跺腳）有另一種感覺：想殺人。其餘一切都只是把戲。

女人坐著，將牙齒咬得格格作響，面容扭曲。

海寧格：像這樣的人會做出什麼事來？會去自殺。

女人仍在跺腳。過了一會，她平靜下來，深深呼吸。

海寧格對團體說：現在閉上眼睛。在誰面前，我們會表現得像一個可憐蟲，像一個受害者？死亡想要什麼？從那人和我們身上要什麼？

女人平靜下來，深深呼吸。

海寧格：你現在覺得怎麼了？

女人，遲疑了一會，說：我找不到出路。

海寧格：我已指示給你。我就在此打住。

過了一會：你曾在心中嘲弄過多少人？對多少人有過這些感受？

女人：好多。

海寧格：正是如此。這是邁向成功的第一步。祝你一切安好。

女人笑了，放鬆了。

海寧格對大家：看來我們都在通往成功的路上。成功是容易的。

成功之道

　　我想帶你們進入內在通往成功的道路，那是生命的成功。我會談談這個課題，因此我會有個短講。你們如果想的話，你可以閉上眼睛，但也可以看著我。都一樣。

　　成功的偉大數字是「二」。二希望合而為一。之後就會有一個一，但通往一的道路，要經由二，成功由二開始。二，手牽著手排排坐，這就是通往成功之道。

　　我們想像我們的左邊是母親，右邊是父親。我們站在中間。父母是二。在我們身上，他們成為了一。父母的「一」是可想像的、最偉大的成功。沒有比一個孩子更大的成功了。

　　孩子是由二而生的一。當一個嬰兒出生，他是「一」，被尊為一

個個體，因為在他或她之內，父母連合為一了。另一方面，即使孩子是一個完整的個體，但也是以二的一半姿態而誕生。孩子以兒子或女兒，男或女的姿態誕生。

然後發生什麼呢？經過一段時間，男孩尋找女孩；女孩也尋找男孩。當男人和女人想要合而為一，他們的成功就透過一個孩子表現出來。

現在你大概會想：這個人這樣慎重地說這些話是為了什麼？這兒不是一個探討成功人生的工作坊嗎？

對一個男人來說，成功始於一個女人。對一個女人來說，成功始於一個男人。

●我們的成功

現在閉上眼睛。我們檢視內在。在我們通往成功的路上，父親站哪兒呢？男人在哪兒支持女人？女人站在哪兒支持男人？

想像我們站在爸爸媽媽中間，媽媽在左邊，爸爸在右邊。媽媽伴在我們左邊，爸爸伴在我們右邊，我們向前行。我們一手牽著媽媽，另一手牽著爸爸，他們兩人是平等的。在我們內心，他們恆常都是一。

問題是：我們通向成功的路上，哪裡丟失了媽媽？在我們通向成功的路上，在哪兒丟失了爸爸？父母牽著我們的手，左邊是母親，右邊是父親，我們帶著自信，向著成功的路前行。

成功其實非常簡單，失敗的根由也同樣地顯而易見。生命基本的移動常常在兩者之間發生。

「三」是一個神性號碼。我在父母之間。

現在讓我們繼續。在剛才發生的經歷之後，你們現在覺得怎麼

樣？你是否在成功路上？你是否在通往快樂的路上？

　　我會像剛開始時那樣繼續。我會以一種帶領所有人一起移動的方式，來示範一些事情。現在我想進入我們職場上的成功。誰想探討自己事業上成功的課題？

示範：我們的職業

海寧格選了一位案主，讓他站在自己前面，望向前方。男人的對面站了一個女人，代表男人的職業。

海寧格對站在兩端的代表說：你們只需允許自己移動，不帶任何自己的意圖。

男人小步走向他的職業。過了一會兒，海寧格選了另一個男性代表平躺在地上，在代表職業的女人身前的地上。案主與職業代表看著他倆之間的死人。職業向後退了幾步。案主現在站近地上的死人。

　　海寧格選了另一個女代表站在職業的右邊。這兩位站得近近的。新來的女代表拳頭握得緊緊的盯著死去的男人。即使兩個女人站得近，卻不對望彼此。

海寧格：她是某位恨那男性死者的人。她緊握著拳頭。

案主跨過死去男人的腳，想要去職業那裡。突然間，他停了，張開雙臂，往回走。職業微微移向一旁，從後面把頭倚在第二個女人身上，

移開視線。這女人望向遠方，面容肅穆，仍雙拳緊握。

海寧格選了第二個男性代表，叫他站在死去男人所凝視的地方。

案主由死去男人那兒退回。他挺起肩膀，走近緊握拳頭的女人。這女人退後離開職業，站近案主。她繞著圈子轉，與此同時，案主提起他的肩膀。過了一會，他轉身離開這場景。

第二個男人站到死去男人的面前，背向著他。第二個女人將雙手往背後伸出，將站在她背後的職業代表緊緊地抱住。職業慢慢地移近地下，拉著第二個女人陪著自己。職業的腰彎得很低，第二個女人在上握著她的一隻手。案主站在她們身旁。

海寧格選了第三個男人，把他放在第二個男人對面。稍早之前他把雙腿打開橫跨死去的男人。第二和第三個男人步向彼此。第三個男人向第二個男人伸出雙手，發出一個邀請的姿勢。第二個男人繼續回望死者。

過了一會，那兩個男人站在一起，第三個男人站在第二個男人的後面。與此同時，死者轉過身子。

案主現在跪在職業身旁。職業拒絕他。第二個女人現在躺在地上看著他。職業完全抽離。

海寧格：我在此打住。多謝各位代表。

海寧格叫案主坐在自己身邊。

海寧格：你現在覺得怎樣？

男人：我覺得強大。我感覺到這是一個與我沒關係的系統。

海寧格：的確如此。

對大家：在這裡什麼變得可以看見？過去的一些並不屬於他的事物，在此刻正對他有影響。當很久很久以前的事情影響到現在，所有為企業成功而付出的努力都是徒勞的。

對男人：很明顯地，曾經有過謀殺。

男人點頭，指向自己身後遠處。

海寧格：這是很久遠的事了。兇手想離開，他想去另一個地方。這對於你來說是否有意義？

男人：是。

海寧格：這是很久以前的事了，但無論如何，它仍然在那兒。一個提供出路的奇怪句子向我呈現了：改變你的職業。

男人為此事沉思。他轉向海寧格，看著他，笑了。

海寧格：我在你臉上見到：這是未來。

倆人相視而笑。

海寧格：祝你一切安好。

他們握手。

海寧格對團體說：這場排列引領我們到另一個維度。這不是一貫尋常

的家族系統排列。事事都停留在祕密之中，沒有說透。即使如此，出路仍是清晰的。

●沉思

再次閉上眼睛。我們望向我們賴以維生的機構和職業。他們向哪裡移動？他們向我們走過來嗎？還是離我們而去？他們用他們雙手做了什麼？他們張開？他們封閉？甚至可能緊握著拳頭？也許，在我們之間的地上，可能有些什麼躺在中間？還有誰可能參與了？有誰想向我們的企業要求些什麼？想要什麼與我們想要的不同？

我們在內在檢驗。它帶我們往哪裡去？帶我們進入哪種亮光？進入哪種力量？進入哪種為生命的服務？進入哪種喜悅？

過了一會：你找到一個方向了嗎？

我想說說成功的祕密。你們想知道嗎？一個頗深的祕密。偉大的成功是輕盈的。

肩負著沉重感的都不算是成功。凡是辛苦艱難的都是脫離了軌道，若愛得痛苦艱難也是脫了軌道。輕盈的愛是遼闊的——而且快樂。

對團體說：在你們通往成功的路上覺得怎樣？當我看著你們的面容，有很多都已經選擇了這條路——輕鬆的成功之路。

示範：與伴侶一起成功

海寧格：我想繼續看看關係上的成功。偉大的成功總是與伴侶一起的成功。偉大的快樂亦然。

誰想看看這個關於與伴侶一起成功的主題？

一位女士舉手。

海寧格對女人說：首先，我想問你一些問題。

你結婚了沒有？

女士：結了。

海寧格：你有孩子嗎？

女士：有。

海寧格：有多少？

女士：一起算的話，我們有四個，我自己有兩個。

海寧格：你的伴侶呢？

女士：他有兩個孩子。

海寧格：你丈夫以前有位伴侶？而你以前也有一位？

女士：是的。他已經死了。

海寧格：閉上眼睛一會兒。想像你左手牽著前任伴侶，右手牽著現在的伴侶。孩子是和現任還是前任伴侶生的？

女士：前任。

海寧格選了女士代表及前夫代表，並把她放在前夫對面，稍稍遠離。

海寧格問案主：孩子是男是女？
女士：一個男孩和一個女孩。
海寧格：哪個孩子較年長？
女士：男孩。

海寧格選了一個男人代表男孩，選了一個女人代表女孩。

海寧格對代表說：現在找你們自己的位置。

前夫向女人走近幾步。然後向一旁移動。兩個孩子站在他身旁，女孩在右邊，男孩在左邊。然後男孩向前走了一步。

海寧格：你前夫的死因是？
女士：是因為多發性硬化症（multiple sclerosis）。

男孩站在他妹妹右邊。前夫慢慢跪下。女人望向左邊，她的左手在發抖。女人向左行了幾步。她前夫平躺地上，兩手伸出。女人雙手掩面大聲哭嚎。她走得更遠。在過程中，她望著死去的前夫時，抖得很厲害，而且大聲尖叫。

　　案主走向代表她的人，並且緊緊抱著她。同時，兒子跪在死去的爸爸身前，握著他的手臂。

海寧格：我需要另一位女士。

他選了一個女人，並讓她遠離其他人站著。

海寧格對這位代表說：你是他的死亡。

案主的代表就立即平靜了。案主和代表彼此看著對方的眼睛。海寧格讓案主再一次坐到自己身旁。

　　此時，男孩躺在父親身旁。女兒轉向死亡，並走向死亡。

女人代表十分煩躁。她慢慢移近她死去的丈夫。女兒一直望著死亡，之後她轉身離開，望向外面。

女人跨過那死去的丈夫，走向女兒。她從後面緊緊抱住她。女兒掙脫媽媽的擁抱，走到一邊。母親伸出手碰女兒。

海寧格：我在此打住。

過了一會兒，對團體說：在這裡你們的成功在哪兒呢？

對案主說：你一定要回去，否則你的兒女會死。

二人彼此對望良久。女士起身返回她的坐位。

過了一會，**海寧格**對團體說：我們在此間可以看到什麼？我們能夠自由選擇嗎？我們快樂的路途是否如我們所想的向我們開放？抑或是有其他的力量在運作？

　　可以由他人代替我們去死嗎？我們自由嗎？抑或每個人有他自己的死亡？我們可否為某人而死，讓他或她得以繼續生存？

●越過

海寧格：閉上眼睛。想像有幾個人站在離我們稍遠的前方。每一個人代表另一個人的死亡。我們望著這些人。

我們只是純然地看著他們，會有什麼發生？當我們望向他們，他們是我們的人生一向重視的人，是最深藏的回憶嗎？這些其他死亡的人的代表會怎樣？可以一直留在我們身邊嗎？他們會不會變弱？他們想要消失嗎？

之後，會有什麼事發生在我們身上？在我們裡面，我們轉身離開他們，由另一股力量帶領，是由心中升起的一股力量，來自另一種愛。放下重擔，我們跟隨另一道光，是在愛的翅膀上所發出的光芒。

「喜樂啊，神創造偉大的火花，

至福樂土的女神，

於至愉的喜樂中我們進入，

天堂之主，你的聖殿中。」*

過了一會：怎樣做得到？成功地。

好，今天早上到此，願你們有快樂的時刻。

---

*譯自：Schiller, Friedrich. "Ode an die Freude", 1785.

地上的天國

海寧格：有一超越一切的事物，在通往成功之路中間。有一超越一切的事物，在通往快樂之路中間。這路途中間的是一件神聖之物。我們認知這神聖之物為良知。令人難以置信的是，整個西方文化都接受良知是神在我們靈魂裡的聲音。

當我們仔細地檢視良知，它究竟會在哪兒？它總是會在戰爭中終結。當我們跟隨我們好的良知時，可以感受到在我們內在發生了什麼事。跟隨好的良知時，我們總要排斥一些人、好多人，甚至是整個民族。我們好的良知總是指出一些我們應該生氣的人。你們在內在察覺到嗎？

我認識一個在加拿大的土著。他告訴我在他的語言中沒有公義這個字。這個部落中沒有良知。他們不依循我們所謂的良知來生活。這真的不可思議。我問他：「當一個人殺了另一個人，你會怎樣做？」以我們為例，我們大聲疾呼要主持公義。意思是：我們要殺死兇手。

他跟我說：「受害人的家庭會收養那位殺了他們部落成員的兇手。」他們不知道報復！他們已往前走到另一個意識境界，超越了良知。

我要再談談良知嗎？它把我們束縛在我們的群體之中。跟隨我們好的良知時，我們感覺到我們被允許歸屬於我們的群體之中。我們用好的良知買下了歸屬資格。這就是好的良知的目的和作用，把我們聯繫在群體之中。它把我們與家庭聯繫、也常常把我們與國家連上、跟信仰連繫。其中一個重要的元素是逼使我們排斥異己。所以我們的良

知背後有一種願意挑起戰爭的架構，要對抗一些我們眼中的壞人。每一次衝突、每一場戰爭，都由良知允許及支撐，甚至逼使我們把其他人視為壞人。每一場流血衝突都是良知與良知之間的戰爭。

我們好的良知賦予我們優越感，讓我們感到自己比那些被排斥的異己優勝。帶著「好良知」的人，一定得跟別人開戰；根據他們良知的準則，與視為敵人者開戰。

悲哀的是，同樣的事物發生在另一邊。另一方也有好的良知，只是一個不同於我們的好良知。於是，他們也按照自己好的良知排斥我們，並且帶著好良知，不惜跟我們開戰。

還有一些關於良知的事。每一個良知都隸屬於一個神，人跟隨神，神就獎賞他們進天國，丟他人入地獄。

那麼基督教世界中的神又如何呢？他是我們良知的怪物。所有交戰中的派系都需要所屬成員以良知站在自己這邊。但是如果我們成功超越我們的良知，並找到一條能以慈愛包容一切的出路。那麼就不會再出現這樣的神，不會再有一手揀選，另一手譴責的神。

我們的工作坊的課題是什麼？啊！是的，是成功。生命中的成功、職業上的成功。在此間，成功意味著什麼？我們與許許多多的人以愛連繫。而且容許我直截了當地說吧：是以一個壞的良知跟他們連繫。

這就是我想要說的介紹。在早上的排列中，我們就可以看到一個好的良知的影響。這個（海寧格緊握著拳頭）就是好的良知的結果；而這個（他大大的張開雙手）就是與我們所屬的群體說再見，只有帶著壞的良知才能做到的結果。但這並不意味與我們的群組作對，而是指同時與其他很多不同的群組和諧一致。當我們成功地做到這些了，我們怎樣為這種情況命名？我們叫它做地上的天國。哪裡是天堂？在

下面，就在地上。

示範：幸福

海寧格選了一個男人並叫他坐在自己身邊，說：我認識你至今，你都是忽略身邊的幸福，看向別處。

男人點頭大笑：的確如此。

海寧格：現在我們會看一看你的幸福。

男人變得浮躁。**海寧格**說：等等，我給自己充分的時間。

當我想到那些所有你可以做到的事、你學過的所有知識，你也成功地應用到了；然後這個失敗來臨，這讓我的眼淚湧現。

閉上你的眼睛。我看到你的幸福在你左邊，是一個女人。

對團體說：我需要一個女性代表。

海寧格選了一個女人代表幸福，叫她站到男人左邊幾步以外。

幸福前後搖擺，彎向前和望著地下。她以左手擺出一個拒絕的姿態。之後她站直身子，轉身向後離開。她的眼睛仍然閉上。

海寧格對男人說：起來，讓自己跟隨內在的感動移動。

男人慢慢移向幸福。她慢慢地再後退幾步。他向她伸出一隻手，又慢慢放低。幸福把頭轉向他。他們彼此對望。之後她又後退幾步，但仍望著彼此。

海寧格選了另一個代表：你是死亡。

案主張開雙手又放下。他向幸福小步小步地靠近。她看著他的眼睛。死亡仍在遠距離站著。

　　海寧格選了一個男人上臺，躺在距離案主幾米外的地上，男人不看案主，看著幸福。

　　男死者躺著，雙手向外張得開開的。過了一會兒，案主與幸福都望著男死者。

　　案主小步小步地走向男死者，彎下身子靠近他，握著他伸出來的手。死者擁抱他，然後死者再次躺下雙手張開。幸福行近案主伸出一隻手碰到他的頭，把他移近自己。他把頭靠在她肚子上，她輕拍他。

　　死亡依舊遠遠地站著，雙手伸了出來。案主向男死者伸出手，但死者轉過頭去看著死亡。之後死者完全轉身背對案主。

海寧格：可以了，謝謝各位。

他叫案主再次坐在他身邊。

海寧格：像這樣好嗎？

男人點頭，但面帶遲疑。

海寧格：閉上眼睛。再次想像你把頭枕在幸福的肚子上。

男人幸福地微笑。

海寧格：這就是移動，唯一的移動。其他事都可以忘記，現在可以了嗎？

男人點頭。

海寧格：祝你一切安好。

●另一個維度的家族系統排列

　　最近我寫一本書，有關另一個維度的家族系統排列。寫的就是我在這個工作坊呈現給你們看的。它無聲無息地出現了，從我身旁不知不覺地出現，立刻前去引發另一個意識的靈感。沒有意圖，沒有影像，從其他地方指引。問題是：之前的家族系統排列的哪些方面仍然適用？但你們一路一同走來，大部份都一同走來。你們自身經歷過完全被另一個維度帶領，總是即時的、沒有任何先驗的知識。

　　這維度沒有時間。它不需要準備。我們讓它帶領時，也就一起沒有了時間，更不需要準備。我們活在此時此刻。我們為另外的力量預留了空間，那是更偉大的力量。

　　我們現在做什麼？我不知道。我一定要讓自己再次被帶領。

●冥想：下一步

　　閉上眼睛。現在我們檢視我們的靈魂，在這之前，也檢視我們的心靈、我們的靈魂和我們深處的感覺：下一步會是怎樣的？我們給予自己充裕的時間。進入下一步的洞見是輕盈的，就像一陣溫柔的微

風。這感覺是立刻來到我們的身體中，並且是實際、在地的。

●問題：終結

你們覺得怎麼樣？會有相關的提問？

一個女人舉手並坐在他身旁。

海寧格：問題是什麼？
女士：這個冥想中，我感到所有的方向都阻塞了。
海寧格：問題是什麼？
女士：我找不到方向。問題是：我要怎樣找到方向？
海寧格：我需要一個女人。

一個女人舉手，走到臺上。海寧格叫發問的女士站到她對面。

案主搖擺。然後躺在地上，躺在另一個女人對面，伸開雙手。她猛力地用手鎚地，砰然有聲。

海寧格對團體說：我會怎樣形容這種情況？我會叫它做終結。
過了一個會兒，說：我就在這裡打住。
對代表說：謝謝。

發問的女人站起來，回到自己的坐位上。

●問題：良知

海寧格：現在我不太敢問，還有人有問題嗎。不過，還有人有問題

嗎？

一個女人舉手，坐到海寧格身邊。

女人：我不明白、或者我不知道是好的良知，抑或是壞的良知在運作。

海寧格：剛才，上一位女士的問題，是好的良知在運作，是好的良知在禁止。

提問的女人想說什麼，但海寧格搖頭。

海寧格：而那好的良知叫你感覺良好。

女人搖頭。

海寧格：它令其他人感覺不好受。

女人點頭。

海寧格：好，我就在此打住。
對團體說：問問題顯得越來越危險！
過了一會兒：現在我要透過一個排列，再次呼喚更偉大的力量。

示範：課題

海寧格：有誰有關於生命及職場上成功的課題，並想透過排列看一看？

他選了一個女人，她坐到他身旁。他也選了另一個女人讓她上到台前。

海寧格對代表說：站在那兒，你代表她的課題。

代表看著一旁。海寧格選了一個男代表，叫他站在課題稍遠的對面，但不是她注視的那邊。

　　課題代表把視線轉向男人。男人向她伸出他的右手，以最小的步伐走向她。課題開始回應，遲疑地向他伸出手。男人走近她，向她張開手。過了一會，他把頭枕在她的肩上，把她的頭靠向自己。然而，儘管她仍然伸出右手，卻沒有把男人擁入懷中。

海寧格：可以了。謝謝各位代表。

過了一會，對女人說：我們看到什麼？很多幸福的機會都白白虛耗了，一無所獲。

對團體：我們等待的幸福從身邊溜走了。

●我們的步伐

海寧格：閉上眼睛。現在，看著幸福，那是我們已經等了很久的，未能走到它那裡去。

過了一會：現在我們在等待某人站到我們身後，從那裡我們得到支持我們走下一步的力量。

過了一會：可以了。

我的書

海寧格：我不明白自己是怎樣寫書的。最近對於我來說，變得清楚了。

當我在寫一本書時，我是一個媒介。我被另一種移動接管。例如：早上醒來，一個字詞無預警地在腦中浮現。於是我知道，我要寫一篇關於這個字詞的文章。我坐下，寫出這字詞作為標題。之後我的手被引導，逐字逐句地被引導。我不知道它會帶我到那裡去。最後，連結尾的句子也都是它給我的。

十分鐘之後我就忘了我寫過什麼。如果我沒有把它寫下來，我也不可能再複述出來，我甚至連主題也忘了。

就這樣，一本又一本的寫完了。這些都不是我的書，我只是一個工具。

為什麼我會說起這個？這就是被其他的力量移動，他們來自另一個意識，帶領人進入另一種意識。

在這個工作坊之中，我們已經走了幾步，進入這個意識。而我們

會繼續走下去。

示範：徒然

海寧格：有誰想看看生命的成功及他或她職業上的成功？

一個女人舉手，坐到海寧格身邊。

　　海寧格集中心神。

海寧格：兩個字再一次在心中浮現。

對女人：為你，閉上眼睛。我告訴你這個詞，你讓這個詞在你身上工作。這個詞是：「徒然。」

過了一會，**海寧格**：我需要一個女人。

他選了一個女人，叫她躺在案主身前的地上。

　　他再選了另一個女人，叫她站到案主對面，所以死去的女人躺在倆人中間。猶疑了一會，第二個女人跪在死去的女人前面。

　　海寧格選了一個男人，叫他站在死去的女人前面。他站在距離她一公尺的位置，凝視她的頭。男人慢慢地跪下，用手托著死者的頭，貼近死者的頭躺下。

　　現在，第二個女人躺在地上，在死去的女人身旁。

　　海寧格叫案主在代表之間找自己的位置。她站在死者和另一個躺在她身邊的女人中間。男人緊握拳頭，砰然敲打地面，大聲哭號。

案主握住男人的拳頭，另一隻手按在第二個女人的肩膊上。

這個女人變得煩躁，想令自己自由。她成功後，先轉身背對案主，然後又再轉回來，但保持一些距離。男人大聲哭泣，坐起來，用一隻手碰觸案主的手，另一隻手則握著死者。

第二個女人現在坐起身。男人仍然哭泣。案主擁他入懷，緊緊抱住。他一直牽著死者。之後，他站直身子抱著案主。第二個女人坐在他身邊。他也抱著她，用手輕撫死去女人的頭髮。他把案主與第二個女人的頭拉近，自己的頭在中間。之後他望向天空。

海寧格：可以了。謝謝各位代表。

案主再次坐回他身旁，他對她說：這是徒然的。對於你來說，這是徒然的。

他們彼此對望良久。

●我們的力量

海寧格對團體說：閉上眼睛，我會與大家做一個冥想。特別為那些在應用家族系統排列，和那些希望透過家族系統排列，而得到幫助的人。問題是：什麼是徒然？

經過很長的停頓之後：現在我們回到我們的力量，只進入我們的力量，把其他人交回給他們自己的力量。我們看到超越我們生命的一點，進入無盡的虛無，在那裡我們保持靜默。

我們身上發生了什麼？在這虛無之前，我們靜止。

我們的腳怎麼了？我們感受到腳下的大地。

過了一會我們的腳又會如何？當我們看進這虛無時，我們的雙腳要在哪裡才能夠站穩呢？只有在大地，我們才能站穩，在那裡，我們被帶進入無限中，我們在大地和無限之間。

過了一會兒：可以了。你們覺得怎樣？

●虛無

我會再與大家做一個冥想。我會先為大家解釋一下。

想像你自己站在許多亡者面前，他們都是過去的你，你曾經的存在，世世代代都站在我們面前。

現在閉上眼睛。這些亡者站在我們面前，同時也活在我們裡面、在我們面前，也在我們對面。

他們發生了什麼事？他們有沒有減少？我們變小了嗎？我們是否變得不重要了？我們的想法是不是變得荒謬？

我們看到超越他們的一點，進入無限的虛無中。我們忘記了站在前面的人。忘記那些在我們的身體或是我們的思想中，在尋找一個地方或是尋求幫助的人。

當我們凝視進入這片無盡的虛無，對它開放自己，持續地完全地把自己暴露在這片無盡的空無底下。完全開放自己。不論看向右或看向左，或背後；所有曾與我們相連的人，都轉向這片虛無。他們都移往超越這片虛無的地方，同時，我們留在後方，留在此時此地。我們找到新的自由。

神祕的意識（II）

義大利Milano工作坊2013

簡介

海寧格：我誠摯地歡迎大家參加這個課程，題目很特別：家族系統排列中的神秘維度。這個我會示範。我會馬上開始示範，於是大家可以有個概念，也可以被這個維度帶領。大家都覺得妥當嗎？

工作坊的第一天有一個標題，有這樣的描寫：行動中的神秘意識。意思是：我透過另一個維度去示範療癒。

你們當中有誰想與我以此方式一起進行工作呢？舉起你們的手，然後我會選幾位。

海寧格選了三個人並讓他們坐在自己身旁。

第一個示範：現在已經足夠

海寧格對第一個女人說：閉上你的眼睛，在內在，對某人說：「現在已經足夠。」

過了一會兒，當女人細看他，他說：回去坐回你的位置上。

對團體說：還有更多的事，但我不被容許做更多的事。

當我對某人說出這樣的話，我不需要任何資料。我由別處取得怎樣才是適合的提示。與此同時，我在這裡向大家說出來。當我這樣說

的時候，你可以參與。你可以感受到你對此開放與否。也許你可以相信靈性力量；又或者你會在場域中移動，就像平常我們在進行的那種家族系統排列。在平常家族系統排列中，有人會提出需求，要我為他們做某些事，而我也如他們想要的方式為他們做了。

那麼我在服務哪一個？我是否與一個靈性的維度連繫？在此，我移去另一個層次。

她沒有反應，這點是有幫助的。這樣，她是幫大家上了一課。她的回應方式為大家帶來好處。同時這時一個預警：在此，我們要移往另一個層次。

第二個示範：現在我停止

海寧格對第二個女人說：課題是什麼？

女人：是關於困境的，一個接一個，健康方面、工作方面都有。

海寧格：你的愛在哪裡？

女人若有所思地點頭。

海寧格：閉上你的眼睛。我會告訴你一個句子。你在心中照著唸。
對團體說：你們也可以一起做。
這句子是：「現在我停止。」

女人深深吸氣。之後她開始哭。她張開眼睛，又再次閉上。

海寧格趁她再次張開眼睛的時候說：保持你的眼睛閉上。

對團體說：我會向她和大家提出一個問題。她毋須回答。不用向我回答。

有多少人聽到這句句子之後感覺好些的？有多少人變得自由了？

女人點頭。

海寧格：就這樣可以嗎？

女人：謝謝你。

●有關過程

海寧格對團體說：什麼是過程？

我不需要望著人。當我集中自己，我與案主透過另一股力量連結一致、一股療癒性的力量、一股創造性的力量。在這個靈性的維度中，沒有勝利者是想為自己獲取什麼的。

在此間，愛平等地流向所有人。這種力量有即時的效應。在這個層次沒有遊戲。

閉上眼睛，想像：在你心裡、以及你的人際關係中，有些什麼是要你現在放手、永遠讓它過去的呢？

我想再談談這一點。很多人的問題是來自於被附身。這意味著有其他的靈魂掌管了他們，久遠之前的人、有未了心事的靈魂。現在他們透過一些徵狀依附著我們。

感受自己正在面對的徵狀。你問問那徵狀，也許可以這樣問：「請告訴我你是誰？」我們等候一個答案，然後問那徵狀：「什麼可以讓你自由？」

不去看著那個人或徵狀，我們等待，直到被引領至另一個層次：這個層次裡，那個利用症狀來與我們對話的人可以找到平安和療癒。之後我們進入另一種記憶，進入一股集體的力量。

之後我們身上會發生甚麼事？我們會找到通向健康的道路，通往整體性健康的路，它將我們和很多人連結在一起。我們一起看到遠遠超越我們自己和我們世界的一點。在那裡，我們擁有清晰遠景。

我們望向這股力量，無有的力量，超越我們的願望，與所有人一樣，我們都在一起。消除掉自我，無我，與所有人一樣。

你們有什麼感覺？你們有沒有被引領到另一個境界、一個快樂的境界？

第三個示範：你比較好──現在我們是一樣的

海寧格對第三個女人說：現在到你了。你的課題是什麼？

女人：是關於我與配偶之間的關係，難以維持下去了。

海寧格：好，閉上眼睛。我給你一句句子，你可以在心裡對他說。當我一講，你立即跟著對他說。

對團體說：你們都可以一起做，最好是配合一個開放的身體姿勢，不要雙臂交叉或疊著腳，也別因為不知道會發生什麼、或失去什麼、而

睜開眼睛。要閉上眼睛。

對女人說：那個來到我心中的句子是：「你比較好。」

過了一會，**海寧格**說：如果你能說完這個句子，只有當你真的成功說出這個句子之後，你可以接著告訴他第二個句子：「現在我們是一樣的。」

再過了一會：好嗎？

女人：好。

海寧格對團體說：這一點將帶出了明天的主題，一個人生中的重要主題：男人和女人。

　　與行動中的神秘意識在一起，覺得怎麼樣？我沒有做一場家族系統排列。在這個層次，不再需要了。儘管如此，在適合的情況下，我還是會透過家族系統排列，來展示一些課題。

●早期及高階的家族系統排列

　　我會談談這一個維度。家族系統排列，一開始是觀察代表。一場家族系統排列是直接與一個家庭有關（意思是父母與子女），代表進入與他們直接的聯繫，即使不認識他們。

　　在此，我也進入與個別人士的直接連繫，有時什麼也不問。即使是這樣，連繫仍然顯得清晰。究竟排列中的代表怎樣清晰知道這個家的事，行動及感受都符合這個家裡的情況呢？他們與另一個層次的意識接觸；意思是一種遠遠超越我們一般知識及理解能力的意識。

　　家族系統排列剛開始的時候，有很多排列師參與介入，我也是其中一位。因為我還未能完全覺察這個範疇的經驗。

　　於是，很多排列師表現得像個心理治療師。帶著的意識是：告訴

我你的問題，而我會為你尋找一條出路。這就會把你我之間變成平常輔導中的關係。這裡面會包含了一些對或錯的觀念。這些理念曾在我第一本重量級的著作《愛的序位》中描述過。書中很多部份直到今天仍然是有幫助的。

　　在這裡我不需要根據那些序位。我在此間所做的，沒有需要根據他們。在靈性的家族系統排列中，我超越這些序位，到達另一個層次。很多習慣了早期家族系統排列的人很害怕這個層次。它嚇到很多接受過培訓的家族系統排列導師，他們依據早期的家族系統排列，並在早期的家族系統排列中移動。

　　但是較早期的家族系統排列依然是有用的。認識它、體驗它，也有好處。所以我們就此作出的培訓，依然有著它自己的位置，一個初步的位置。我在此超越這個層次，如果你想的話，我會一起帶領你。

　　容許我再談談它？許多把自己束縛在早期家族系統排列的人，他們聽到要移動去另一個層次時，有一種很深的恐懼。可是長遠來看，他們不能避免這樣的移動，因為將來在另一個地方。你們當中曾受訓、或正受訓的，我帶領你去這另一個層次。其他未聽聞過的，無論如何，現在我都帶你們進入。

●問題

海寧格：就你們到目前為止體驗過的，可有什麼問題嗎？

對第一次示範的女人說：是什麼問題佔據了你？為什麼你舉起手？

女人：我們聽過有關靈介（mediumistic）家族系統排列。這是否意味著家族系統排列有一條全新的道路？

海寧格：是的。但我的問題是：你先前是帶著什麼問題來到此？

女人：我來這裡是因為我想探究我和家人的關係。

海寧格：為了什麼？

女人：實在是關於我家族的工作。

海寧格：出來，站那裡。

她站在離開團體所圍成的半圓一定距離的地方。

　　海寧格選了一個女性代表，讓她站在案主對面，保持一段距離。案主一動不動地站在女人對面，良久。

海寧格對團體說：我們可以看到什麼？沒有移動。我最初給了她一個怎樣的句子？那句話是：現在已經足夠。這裡顯示了，這兒也是足夠的。我已把所有事顯示給她看了。

到目前為止所發生的，還有其他問題嗎？

女人：問題並不是很清楚。我想知道這些新的家族系統排列是否會取代個人的排列？

海寧格：我剛剛應用了。

女人：這是否意味它們都有效？

海寧格：不是所有事。最重要的總是在一開始便呈現。在這裡所有的事都即時呈現。所有事都已在最初告訴她的句子裡面。可以了嗎？

她點頭。

●故事：榮耀

海寧格：很多年前的一個故事浮現我心。那時我還未能抓住它的維

度。我應該跟你們講這個故事嗎？

　　兩個人坐在一起，他們提出一個問題：耶穌會怎麼回應呢？如果他向那生病的男人說：「起來，拿起你的床墊行走。」而那個男人回答：「可是我卻不想這樣。」

　　過了一會，其中一個說：耶穌很可能先保持靜默，之後祂向門徒說：「他比我更榮耀神。」

好，現在我們以新的簡短治療方式繼續。誰敢上來？

海寧格選了三個人，讓他們坐自己身旁。

第4個示範：我應有此報（I deserved it）

海寧格對第一個人說：你的課題是什麼？

女人：是有關於我的收入。我賺不夠賴以維生的金錢。

海寧格：閉上眼睛，在心裡說：「我應有此報。」

過了一會，**海寧格**說：我就在此刻打住。你可以再坐下了。

對團體說：從她的角度而言，這是個遊戲。從我的角度也是。在這個層次玩遊戲是沒有效用的。

第五個示範：做得好

海寧格對下一個說：你的課題是什麼？

女人：我雙手有些問題。

海寧格：什麼問題？

女人：我的手指有特別的變形，手指關節也是。

海寧格：閉上眼睛。

過了一會，**海寧格**說：我得不到一個句子。我尊重這個提示。你可以再次坐下了。

對翻譯員說：但我為自己得到一個答案：做得好。

大家都笑了。

是的，我們超越所有的遊戲，得到回應了。

第六個示範：面對一個遊戲

海寧格對第三位說：你的課題是什麼？

女人：在Bozen的研討會，勾起了我非常深的觸動，導致我的背及腳痛得厲害。

海寧格對團體說：她是怎樣跟我說話的？是以很認真的姿態嗎？不是的。她在跟我玩。我觀察到她笑了。所以我在此打住。

與這個靈性的移動在一起同行，只容許全然的真誠與全部的委身。它也要求你和我真的滿懷敬意地想投入其中。以什麼？以生死投入。

還有勇敢的人嗎？在這裡體驗是有十分有幫助的。故此也讓我們小心警覺。之後，這個「來吧！為我做這事。」無關重要的層面到此完結。

誰準備好面對這個？

三個參加者舉手。他們坐到海寧格身邊。

第七個示範：噢！我這麼遲才認出你！

海寧格對第一位，一個男人說：閉上眼睛。一個非常簡單的句子來到我面前，你們都可以參與，跟隨它一起。句子是：「噢！我這麼遲才認出你！」

參加者哭了。

海寧格過了一會說：好了嗎？

對團體說：當我在心中跟隨這個句子時，在我的生命中也跟隨這句子，眼睛也湧現了眼淚。

第八個示範：現在到此為止

海寧格對下一位，一個女人說：集中。想像你重踏地板，對某人尖叫：「現在到此為止。」不過在想像中，你只是做出來而沒有說出來。行動已然足夠。好了嗎？

對團體說：靈性是有力量的，不會動怒。

第九個示範：我不屑你

海寧格對第三位說：你的課題是什麼？

男人：課題是真的去到哪裡。一方面我覺得被吸引去哪裡，去到靈性的一邊……

當他還想說下去，海寧格擺出一個拒絕的姿勢。

海寧格：閉上眼睛，並對這一邊說：「我不屑你！」感覺怎麼樣？

男人：不同了，我感覺不同了。

海寧格：不同了，是好事。祝你一切安好。

對團體說：靈性、靈所在的層面，是它變成了世界。它就是世界。它就在俗世這裡。

第十個示範：我停在這裡

海寧格：到目前為止，這裡發生的事情，你們有什麼問題嗎？

一個女人坐到他身邊。

海寧格：閉上你的眼睛，對某人說：「我停在這裡。」

過了一會兒，說：好。你的問題得到答案沒有？

女人笑了。

第十一個示範：它足夠
（神祕的意識應用於疾病）

海寧格：我想談談「神秘意識」這個字眼。意思是：由另一個世界面引導。在這裡，我們會離開傳統家族系統排列的層次。所以我現在想示範，結合靈介簡短療法的靈介家族系統排列在這裡，是關於治療，尤其是指疾病。誰想就著這個課題一起與我工作？

海寧格對一個舉起手的女人說：你的課題是什麼？

女人：是有關創傷後壓力的徵狀。

海寧格：我不知它是什麼，但我會排列它。

海寧格選了一位女人代表案主，和另一個女性代表，他叫另一個女性代表平躺地上，在案主代表面前。

女人想走向死者。死者好幾次曲著身子，避開那女人，用雙手掩著面。

海寧格：停止。所有事物已經顯現。

大家回到自己座位。

海寧格：兩位代表都與另一個世界面連結，並不知道發生了什麼事。但那女人知道它關於什麼，這樣已經足夠。

第十二個示範：右邊

海寧格：還有誰想體驗一下這種方式的家族系統排列，讓自己向它展開？

一個男人舉手，坐到海寧格身旁。

海寧格對男人說：你的人生中有什麼在後面拉扯你？
男人：右邊，右邊的部份。
海寧格：好的，那麼就去站在那裡。

海寧格選了一位男性代表，叫他站在案主對面。

海寧格對代表說：你是他的右邊。

代表稍微踏過一旁，轉過身去背向男人。男人變得煩躁，向後退了幾
步。

海寧格：右手邊可有將來？不。它已經離他而去。好，就這樣。

海寧格叫那男人再次坐到自己身邊。

海寧格：你有孩子嗎？
男人：沒有。
海寧格：這裡有同樣的移動。
男人想轉身向著海寧格，**海寧格**說：你不用說些什麼。但這兒有一個
連結，我可以在這裡打住嗎？
男人：好，已經足夠了。
海寧格對團體說：這已經移動了他。所以，有些東西已經在他裡面運
作，而這個運作將會達到目標。
對團體說：大家覺得這些靈介簡短療法，感覺怎樣？它對我們有什麼
要求？它要求一件事：去那裡。就這麼多。

第十三個示範：你這個無賴

海寧格：還有誰想與我一起工作嗎？

一個女人舉手，坐到他身旁。

海寧格對這個女人說：閉上眼睛，對某人說，只在內心裡面說，但要大聲地喊：「你這個無賴！」

女人抬起頭，閉上眼睛，很明顯地很感動的樣子。

海寧格過了一會，說：可以了。

●練習：決定性的字眼

海寧格對團體說：我仍然會跟大家做一個小小的練習。

閉起眼睛，在屬於你的圈子裡，四周看看。你發現有人等待著你的一句話。那人等待的字句就是我以下所要告訴你的，你就從你內心深處向他說這個字。這個字就是：「好。」

男人和女人
過去和未來

米蘭Milan開放日，2013

開場時說的故事
兩種幸福

海寧格：Buongiorno（義大利語：早安）。我知道的義大利文很少，但我透過眼睛說話。有時我會說故事。說有關男人和女人的故事，可能你會在故事中讀到和自己的關係有相關的地方。

我們在哪兒體驗極大的幸福？在一對夫妻的關係中。男人的幸福是女人。女人的幸福，希望如我所願，是男人。他們彼此之間當然有很多困難。今日我會注視這些困難，而且會和大家一同找一個好的出路。

我要告訴大家的故事叫做：兩種幸福。一種是男女之間的快樂，這是一種男人和女人透過特別形式的幸福。第二種幸福也一樣，但有一定的分別。我可以開始講這個故事了嗎？大家在聽嗎？好。

在古代，那時神祇仍然住得很近。在一個小城中住了兩位詩人，都叫做俄爾普斯（Orpheus）。其中一個是大的，發明了一種叫奇塔拉琴（Kithara）的樂器，即是早期的吉他。當他撥弄弦線開始唱歌的時候，所有附近的生物都被迷住。野獸靜靜地躺在他腳邊，高高的樹也彎下腰來靠近他。沒有誰可以抵擋他歌聲的魔力。

因為他是如此的偉大，所以得到了最美麗的女人的愛。這就是偉人的際遇。他舉起了滿滿的聖杯，那女人就是那滿滿的聖杯。他把它送到嘴前想喝下，但當他一拿起杯，它就破了。他和美麗的尤麗狄絲（Eurydice）慶祝著他們的婚禮的當下，她死了。美好的幸福已然過

去。

但是，對偉大的俄爾普斯來說，死亡並不造成障礙。靠著他超群的技藝，他找到了進入瞑界的入口。他走進陰暗的領域，橫渡遺忘之河，經過惡鬼之地，到最後終於來到死神的寶座前，並用自己的歌聲把他融化了。死神釋放了尤麗狄絲，但有一個條件。

俄爾普斯為了死神的慷慨，讓他可以逃出災難而感到非常高興。他踏上了歸途。他聽到身後傳來了他所愛的妻子的腳步聲。他們安全地經過惡鬼之地，渡過了遺忘之河，開始上坡。隱隱看見光線，快要進入光明之中。

突然，俄爾普斯聽到一聲慘叫，受了驚，轉過身去，只來得及見到一個黑影墜下。他又變回獨自一人。

心碎了，他對著尤麗狄絲唱出別離之歌：「噢！我心愛的尤麗狄絲，我所有的幸福現在都消逝了。」

他再次回到陽間，但生命對於他來說已然非常陌生，他活在如同死亡的世界中。當醉酒的女人想要他參加新酒釀成的慶典時，他拒絕了，而她們就活生生把他撕碎了。

他的不幸是如此地大，他的技藝是如此微不足道。然而一整個世界都知道他！這是第一個故事。

另一個是小俄爾普斯。他只是一個普通的吟遊詩人，在小節日中演唱，為普通百姓演奏，他很享受這工作。他因為無法靠表演謀生，他學會了做生意賺錢。他娶了一個平凡的女人，生了幾個孩子，偶爾犯些小小罪行，活至耆耋，滿足地活完他的生命，欣然離世。

但是沒有人認識他—除了我之外。

兩個愛情故事。但我較傾向於後者。

現在我會開始工作坊。

我很榮幸，摯誠地歡迎你們。我們今天有一個大團體。你們知道你們是昨天會議開始的一部份，明天仍會繼續。今天我會有一個特別的議題，是大家都耳熟能詳的，是一個古老的主題：男人和女人；在此再加上：過去與將來。

由二生一

海寧格：我們最先經驗的男女關係是跟我們的父母。大家現在可以閉上眼睛。

我們想像我們的母親站在我們左邊，爸爸站在我們右邊。我們站在中間，兩手都牽著爸媽。

在我們裡面，爸爸媽媽變為一。透過我們的父母，我們當中每一個都包含男與女在自己之內。男性與女性的部份都在我們裡面不可分割地連合了。

於是我們出生了。儘管男性與女性成份在我們之內合而為一，我們仍然以男性或女性的形式誕生，或是男孩，或是女孩，原本的合一、又再次分別開來。但由於本來我們是合一的，是同時具有男性及女性成份的，我們就會尋求再次有這原本的結合。於是男人會尋找一個女人，女人也會尋找男人。當男人和女人透過性合二為一，結果就是一個孩子。在孩子內他們再次成為一。

男人和女人的結合是生命中的基本事物。沒有比這個更偉大、沒有比這個更饒富、沒有比這更神聖！

聖經有一個對創造人類的記述。經文如下：「神按自己的形象做男人。」之後告訴我們的形象是：「祂創造了男人和女人。」對神來說，男人女人兩人一起才是祂的形象。這是基礎。

●現實

真實的人生中，是什麼樣子的呢？多少男人敵對女人！有幾多男人曾在過去壓迫過女人，把她們當物件般拿來隸屬於自己，又殘酷地管治她們！男女的合一到底在哪兒？即使到了今天？

故此，男女關係中，重要的是結合為一，每種形式的結合。這結合是敬拜神時必要有的。沒有比這個更富宗教性。沒有比這個更能把我們與那隱密的創造的力量密密連結，所有愛在這兒傾流向前。

在我們可以重拾這種合一，並快樂地生活之前，有很多要克服的障礙。以上是我的介紹。

●一個實際的示範

海寧格：現在我想透過家族系統排列示範，怎樣可以再次找到這種合一，並怎樣去活出來。最明顯的方式，是為一對伴侶工作。一個男人和女人都在。於是他們可以檢視他們的情況，看看有什麼能為他們的合一服務。大家覺得這樣妥當嗎？

海寧格選了一對想工作的男女，讓他們坐在自己身邊。

海寧格對團體說：好，這工作坊是高階的家族系統排列。這是一種將事件限制在必要核心的模式。我不需要知道他們任何事。所有重要的事情會在過程中自會顯露出來。

對那對夫妻說：如果我這樣做，你們覺得妥當嗎？

伴侶：好。

海寧格對團體說：以這種方式進行，他們也是受保護的。個人私密的事得到保護。

海寧格選了一個男方代表，一個女方代表。他叫他們站在彼此對面。

對代表說：現在你們允許自己由內自發地移動，不要說話。

女人把右手放在自己胸口，深深呼吸。她用另一隻手彷彿很悲痛地抓著頭，之後把雙手放在臉頰。

男人把手臂向她張開，搖搖晃晃地走向女人。女人先向他伸出一隻手，然後兩隻手都伸向他，之後又垂低雙手。男人仍然向她移近。他們望向彼此的眼睛，但不再走近。之後他們手牽著手，繼續熱切地看著彼此的眼睛。

海寧格叫另一個女人參與這二人當中。她站在稍微遠一點的距離。

那男人望向她。現在妻子移向他左邊。兩人一同望著第二個女人。

男人張開雙手站立。他妻子在他背後環抱他。之後她向後退了一步。男人微微張開雙手走向第二個女人，二人相對微笑。過了一會兒，這個女人轉身離去。

這對夫妻再次轉向彼此。過了一會兒，男人目光越過妻子。她慢慢轉身離開他。

海寧格：可以了。謝謝。

過了一會，對女人說：你覺得怎麼了？

女人笑著說：不太好。

海寧格問男人：那麼你覺得呢？

男人：我很感動。

海寧格對兩人說：留在這裡。

海寧格對團體說：你們看了這一幕覺得怎樣？

●過去

　　每一段愛情都有過去。我其中一個重要的洞見是：第一次的性接觸會造成終身的連結。即使是侵犯，這連結也成立。如果是早年父親和小女兒有性接觸，或小男孩和母親，這終生的連結也是確立的。這當然包括到我們長大了，與伴侶發生了性關係。每當有性行為發生，一種維繫一生的連結就會存留。這顯示出性行為是多麼的根本，它迫使我們的生命走進一道軌跡。我們餘生都要與第一個和自己發生關係的性伴侶繫上一個結。

　　在這場排列中，我們可以看到阻礙現在這段關係的事。

　　你們仍然在聽嗎？這是一個關乎我們所有人的課題。問題是：從這裡應怎樣走？是否有出路？

　　出路是可行的，只要之前的關係是被承認為我們的一部分。這尤其適切在第一次性關係上，包括亂倫。

　　現在我已泥足深陷。我已因此番言論暴露在很多敵視的目光中。當我設定這議題，可以很清晰地看到一種很原始、很深的愛。即使第

一段的關係是暴力的，也不會有任何分別。之後的出路是：承認裡頭有愛。這並非總是一種情感上的愛，而是男女結合為一的基本的愛。從此以後兩人一直與對方連繫在一起，成為一個完整的生命。

那些抗爭及指責這一點的人，破壞了相關的人的將來。他們之後的關係將盡，甚至沒有希望。但是當我們能承認：這也是生命的不可抗力，它不單參與我們的靈魂、也在參與我們的身體。於是乎我們可以把自己從第一段關係中釋放出來，然後再進入下一段關係中。一夫一妻制的婚姻觀念，放在現實生活中是完全不切實際的。現實是不一樣的，幸福亦然。

●我們與前任伴侶的關係

海寧格：我會與大家做一些練習。閉上眼睛。

我們回到我們的生命中，回到第一段關係之中。無論它是怎樣的，就照它原來的樣子，把它放進心中。感受一下它仍然怎樣對我們的身體及心靈造成影響。

當我們把它放進心中及身體裡，我們進到下一段性關係，不論它是怎樣的，我們如實地把它放進我們心中。它在我們內心存留。因著經歷更多的男女關係，我們變得越來越成熟。

然後我們再進入下一段、下一段、再下一段的性關係，一直連結到我們現在，作為一個男人和一個女人。

如果過去被容許帶在心中，但不要告訴我們的伴侶！這樣會有什麼變化？我們不要說，除非是法定的正式關係，例如婚姻。但即使如此，不必告訴伴侶有關從前的親密事件，也不必問伴侶從前親密關係的任何事物。

就讓一些事，是屬於「個人隱私」和「不可侵犯」。

對那對夫妻說：好了，現在你們可以回去了。

對團體：你們覺得怎樣了？發生了什麼？要我告訴你們嗎？這是一次神聖的服務。

●家族系統排列的另一個層次

在這裡有一些另外的因素需要考慮。這是另一個層次的家族系統排列。我們現在這趟人生，是許許多多次人生中的其中一次。之前有過多世，也許很多很多世，也有過許多段關係。他們仍然和我們同在，直到今日。

有時在一段關係中，會有些令人難以置信的事，一些另一世的事物正在設法引起我們的注意。如果我們曉得這一點，我們會更加小心。

你們仍在聽嗎？我們要繼續下去嗎？

●雙重錯置

男女間許多爭端背後，牽涉他們家族早先所發生的事。

有時，看著某些夫妻，他們突然之間會有爭辯，而外人是摸不著頭緒的。來來去去都是吵相同的事。這與家族早前發生的事件有關。給大家一個例子。

我參加過Jirina Prekop的工作坊。她示範怎樣跟孩子做擁抱治療，也想示範伴侶之間的擁抱治療。

一對伴侶躺在地上，一個男人，一個女人。突然間女人的面色驟變，變成一個八十歲的女人似的。我叫她維持住這個表情，問她這個

面孔其實是屬於誰的。她說這是她祖母的臉。我問她：那祖母發生了什麼事。

祖父擁有一間酒吧，是與祖母共同擁有的。有時，他當著全場賓客面前，拖著他妻子的頭髮拉她走過酒吧！很恐怖，是吧？

大家能想像這個女人的感受嗎？不！她可有表達過她的感受？不！但這些感受就在這裡，想被表達出來。現在這個女人，她的孫女承接了她的感覺。這是一個錯置。由祖母傳給了孫女。現在她一定要把這些感覺表達出來。

而她向她丈夫表達了這些感覺。他完全是無辜的。但因為他愛她，他容忍下來。這也是一次錯置，在這兒，由女人對她丈夫。

這是一次雙重錯置的動力。無論何時你見到一對夫妻常常為同一樣事爭吵，也許你也是這樣。所以當這種情況發生在你自己關係上，而你又明白到有這種動力，就知道要去分割。在這個個案中，這女人必須要與祖母分開。這女人不要再替祖母復仇，而是把這些感受留下還給祖母。否則她就是把自己置於祖母之上。所以她把這個老舊的擔子留給祖母。之後她看丈夫，不看祖父，只是看她的丈夫。之後他倆的伴侶關係就能成功。

我們可以怎樣解決事情？可以怎樣走出愁苦、重燃快樂？仍有很多要說的及示範的。

你們心中的一個位置

海寧格：讓我們繼續。這課程也是有關家族系統排列的。我想再一次跟一對夫妻一起工作來示範，例如權力如何影響一對伴侶的關係，通

常是指男人和女人之間的權力，我們可以怎樣用一個好的方式克服困難。有沒有哪一對伴侶想與我一起工作？

兩個男人舉手。

海寧格：你們是一對嗎？
第一個男人：是！
海寧格：有多久了？
第一個男人：有一年半了。

海寧格選了兩個男人做代表。

對代表說：站在對面，然後看看會有什麼事發生。

一個男人慢慢地走向對方。之後他返回之前所站的地方，轉向一側，朝地面看。

海寧格：我需要一個女人。

他選了一個女人，叫她平躺在這個男人前面。
男人慢慢朝她走去。女人把一隻手放在自己胸口，另一手放在喉嚨。然後她伸出一隻手，握住那男人的腳。之後她亦握著他的另一隻腳。過了一會兒，她收回雙手。

海寧格：我需要多一個女人。

他選了另一個女人，叫她平躺在另一個男人身前。

這個女人躺在地上，手像抽筋般扭曲，往旁邊看，不看第二個男人。

第一個女人的手現在也扭曲起來。她伸出手去抓第一個男人的腳，並把他推開。他彎下身來，朝她跪在地上。

同時，第二個男人也在第二個躺在地上的女人前面跪下來。這女人伸展雙手，彷彿在用雙手尋找些什麼。之後她又把一隻手放在自己的喉嚨上。

第一個女人也把手放自己喉嚨上，後來再將雙手抱著頭。然後第二個男人躺在第二個女人身旁。她轉身背向他，移向左邊，好像要朝向某人。

第一個男人現在雙膝跪下，跪在第一個躺在地上的女人前面。過了一會，她從旁邊打那男人的腳。男人退後，用膝蓋跪爬到第二個男人和第二個女人身邊。第二個男人轉身背向第一個男人，朝向躺在地上的第二個女人，她輕拍他的頭，但接著又收回手，不看他，然而一隻手仍碰觸他。他推她，牽她的手。

此時，第一個女人慢慢地爬向第二個女人。兩人互相碰觸，用手抱住對方。

海寧格：我想我可以在這裡停了。謝謝各位代表。

對第一個男人：你覺得怎樣？

第一個男人：我心碎了。

海寧格對第二個男人說：那麼你覺得怎樣？

第二個男人：我感到腹部有很大的移動。

海寧格：我之前沒有進行過這樣的排列，我也沒有任何影像。但沒有女人，生命是不可能的，當然如果沒有這些死去的女人，生命也是不可能的。她們扮演了一個角色。不論過去發生過什麼，她們在你們心中需要一個位置，只要做到，你們人生中的事物就可以繼續前進。在此我們被另一個維度帶領了。祝福你們一切安好。

兩個男人：謝謝。

海寧格：現在你們可以回去了。

●一個圖像

海寧格：我有一個奇異的圖像，我會按照圖像所呈現的方式，說出來。所以，同性戀是獨立於個體意願的，屬於進階的層次。個體被其他力量帶領而行動。

我們在此可以看到的圖像是，這兩個男人都被拉向死去的女人。這些女人處於一個中心的位置。

我不肯定我是否要說以下的話。一個新的領域向我打開了，就是這樣。我沒有這樣想過，也沒有想像過。但這動力引領我們進入另一領域。現在來到我面前的圖像是：男同性戀者是被曾經受侵犯的女人所吸引。

當我們把這想法放在心中，首先出現的會是什麼？對我來說，我就會這樣說：那憔悴的女人，來自很久很久之前，現在來到了我心中。我現在將此個案放下。有些動力透過這場排列，已經開始在這團體中展開。

對那兩個男人：我感謝你們有勇氣去面對這些。對很多人很有幫助，對我也很有幫助。

權力與反作用力

海寧格：這個議題的重點在於權力，夫妻之間權力如何行使。這是很常見的狀況。權力如何行使？權力如何對抗愛？當權力被行使，就會產生反作用力。總是有兩股力量，或公開或隱密地彼此抗衡。在權力的行使面前，愛被粉碎，也對抗男人和女人的合一。

當一對夫妻被愛攫取，會變得不再是自己。他們被席捲得人仰馬翻，沒有權力。在愛中的人們不行使權力，他們變成「一」。但是，當權力一旦被引進遊戲，這種親密就會演變成為傷害。權力不單只會影響一對伴侶，也在男人和女人之間，或在「男人們」和「女人們」之間。

較早之前我舉過一個例子來談錯置的問題。從前的女人必須忍受許多的不公平和暴力，而今日的女人則與前面世代的女人，尋求姊妹般的情誼。她們把她們的痛楚和憎恨指向男人，於是她們感覺自己變強。但這並不是為了愛，是為了其他事物。

問題是：解決之道是什麼？解決之道並不存在於個別夫妻之間或男人與女人之間。解決之道是全球性的。

我該繼續講下去嗎？對女人來說，這是尤其重要的。解決方法是女人現在看著從前的女人所受的苦，直視她們所受到的不公平。她們要帶著謙卑和尊重去看。從前的女性，是偉大的女人。我們在此時此地，作為子孫，是渺小的。

於是，從前的女人就能挺起胸膛，全然活出自己的尊嚴；而今日的女人可覺得從前的女人是在自己身後。她們感覺到她們的力量，她

們與身邊的男人一起，負起為生命服務的使命，她們與男性平起平坐，而不是低於他們。

平起平坐！那麼對權力的行使就會終結。女人不把自己凌駕在男人之上，而男人也不對女人行使權力，壓迫女人，這樣他們就能讓彼此都處在平安之中。

他們在一起，生下孩子，一起看著孩子。他們怎樣做呢？

養育孩子的時候，女人可以對丈夫說：「如果孩子像你一樣，我就很快樂。」男人也向他妻子說：「我會很開心，如果孩子像你一樣。」想像孩子會有什麼感覺？他們會如釋重負地嘆息。於是這會是一個快樂的家庭，沒有行使任何權力。這是理想家庭。

●不一樣的良知

海寧格：路上會有什麼障礙？事實上，夫妻分別來自不同的家庭。雙方都被家族的根源緊緊縛住。無論發生什麼事，那怕是上刀山或下油鍋他們都會遵從他們家族的良知。丈夫與妻子有不同的良知。女人想把丈夫轉變，朝向自己的良知；丈夫也想要轉變妻子的良知。大部份的爭辯都與兩個良知有關，也與不同良知所服侍的神有關。我要講下去嗎？我可以看到我在此所說的話是危險的。

每一個良知都服侍屬於它的神，妻子的良知服侍她家族的神。丈夫的良知服侍他家族的神。如果丈夫違背了他家族的良知時候，他要害怕有什麼後果？他一定害怕最後會下地獄。女人在她家族中的運作也一樣。如果只有男人和女人，沒有他們的神，事情會變得簡單。

夫妻如果能抽離那些神，關係才會變得成功。男人離開他的神，也離開他家族的神。女人離開她的神，也離開她家族的神。他們還要和什麼分開呢？要與早期的家族成員間分開。忽然間，他們變得自

由，彼此都得到自由。這會是一對美好的夫妻關係。

●靈性的道路

海寧格：我還有幾分鐘。我想說出什麼是防礙夫妻關係的。

每個踏上所謂靈修之道的人，其實是走進一條離開女人的路。想一想，哪位偉大的精神導師有妻子呢？他們要帶領我們去哪裡？帶領到創造男人和女人的上帝那裡嗎？

那麼神在哪裡？必不可缺的本質在哪裡？在上面還是下面？在下面！

問題與答案

海寧格：大家是否預備好，要在高階的家族系統排列中，瞭解更多男女之間的事嗎？

首先，我會給你們一些時間，可詢問關於今早在此發生的事。有問題的請舉手。

●父親的女兒

女人：今天早上你給我們這個任務，也可說，我們已經做了這個工作。我們看著我們一個又一個的關係。我看得到我的問題是什麼。大部份我的關係都是與已婚男士發生的。

海寧格：問題是什麼？

女人：為什麼我沒有一個男人，一個只屬於我的單身男人？

海寧格：你一直以父親的女兒自居。

女人：我必需做什麼？我該做什麼？

海寧格：沒什麼。以父親為丈夫的人，不再需要其他人。

伴侶關係要成功，必需透過與父母分離。父親的女兒，為了父親而想要代表母親，可以說不需要另一個男人。她也不想要另一個。

　　同樣的情況也發生在以母親為伴侶的男人身上。當母親與她丈夫關係不好，兒子便會代表父親。

　　有幾句簡單的句子可以解決。要告訴你們嗎？好，你的父親對你說：「媽媽比較好。」

對團體說：現在她想誘惑我，但我有一個更好的太太。你清楚了嗎？

●願望

女人：我的問題是有關男女之間的處境，處於可能會出現相當極端的情況。我可以講講我自己嗎？如果男女之間的一段關係發生危險，我甚至有預感會失去我的生命，我可能會在這處境中被殺⋯⋯。

海寧格：如果你留在那個處境中，那這就是你的願望。

●呈現自己

女人：我的問題是：我想知道在伴侶關係裡，讓對方看到真實的自己有多重要？

海寧格：一個簡單的方法是——如實地呈現你自己。

簡短的排列

●排列──感到遺憾

海寧格：現在我想繼續我們的工作，排列另一對伴侶。現在有哪一對想與我一起工作？

對坐在身旁的一對說：你們結婚了嗎？

女人：沒有。

海寧格：你們在一起有多久了？

女人：有一年半了。

海寧格：我不會跟你工作。

女人：好，謝謝你。

海寧格：為什麼不跟你工作？我為那男人感到遺憾。

●第二個排列：什麼是最重要的

海寧格：還有其他勇敢的伴侶嗎？你們可以看見，我不會被拖進遊戲裡。

一對伴侶舉手並坐到海寧格身邊。

海寧格：你們結婚了嗎？

男人：沒有。

海寧格：你們有孩子嗎？

男人：我們還沒有孩子，但我有。我和從前的伴侶生了一個女兒。

海寧格：那麼女人有孩子嗎？

女人：沒有。

海寧格：你倆在一起有多久了？

男人：九個月。

海寧格：好，我們會排列這個個案。我需要一個男人代表他，一個女人代表她。

海寧格叫他們面對面站著，隔著一段距離。

男人退後，轉過身子離開女人。他雙手掩面，身體往下沉，然後躺在地上。女人向他走去，輕撫他的背。男人劇烈顫抖、跺腳。女人仍然把手放在他背上。

海寧格：我想我可以在這裡打住，我已經看見什麼是重要的，他們也都已看見。謝謝代表。

對伴侶說：祝一切安好。

●前世

海寧格對團體說：當我看見像這裡的事，女人背後有其他前世的女人，想透過這個女人達成某些事物。男人背後也同樣看見，其他來自前世的男人。這狀況會繼續下去。

今早的問題仍然與我們同在：我們可以怎樣從我們的良知中釋放出來？如果前世會危及我們今生，我們可以怎樣從我們的前世中釋放出來？我該再說更多嗎？

●解決方案

解決之道，與我們從良知釋放出來的方法相似。這意味著我們要離開某一束縛我們的事物。我們要與佔據我們的靈魂分離，以免造成我們無法過生活。

●繼續第二次排列

海寧格對那男人說：現在你再上前來，站在那兒。

海寧格選了八位代表，叫他們在彼此間尋找位置，感受到被推動時就隨之移動。

一個女人平躺在那男人面前，張開雙臂。一個代表蹲下去靠近這女人，輕撫她。其他人也走近她。他們躺在她身旁，抱住她。最後他們都躺在地上。

海寧格走到那男人那裡，帶他離開這個群組。他們一起再看一看這組人，然後海寧格帶那男人回到他自己的座位，坐在他的伴侶身旁。

海寧格問那男人：現在覺得怎樣？
男人：好多了。
海寧格：現在回頭再看一眼，然後轉身回來。

海寧格叫那伴侶來，排列她面對那男人。過了一會兒她用雙手圈著男人的脖子，然後溫柔地擁他入懷。

過了一會，**海寧格**說：可以了。

對團體說：你們看見這一幕，覺得怎樣？好，我已經把大家由一個比較窄的意識，進入一個較寬廣的意識，到了另一個層次。

●冥想

海寧格：現在你們可以一起這麼做，做為內在的練習或冥想。

閉上你的眼睛。現在檢視我們的伴侶，把他或她放在一段距離之外，然後我們加入很多其他人，男人和女人。這些人在移動，我們觀察我們的伴侶被吸引到什麼，還有其他人的動作。他們呈現出什麼未完成的事物？

我們可以從這個排列中看到，幾乎所有人仍然想要什麼，即使他們已經死亡。他們依舊想要一些事物，於是他們依附在活著的人身上。

現在我們看著他們，隔著一些距離，不跟他們太接近。然後我們慢慢地退後。我們如實地把他們留下，讓他們仍然是他們原來的樣子，讓他們仍然留在原地。漸漸的，我們離開他們，越來越遠。

然後，我們從他們那裡轉身過來，看著我們的伴侶。我們可以看見通往伴侶的路嗎？或是伴侶仍然與很多前人連結，以一種方式束縛著他？

我們的伴侶也同樣開始移動，看著那些死者，過了一會，慢慢地遠離死者，然後轉向我們。現在，雙方都自由了。

●由神而來的禮物

海寧格：現在我把自己託付給誰？一段成功的伴侶關係，是來自神的禮物。不是想要就能得到。有其他力量在此運作。

問題與答案

海寧格：這部份有問題嗎？誰有問題嗎？

幾位參加者舉起他們的手，坐到海寧格身旁。

●我擁有的已足夠

海寧格對一個女人說：閉上你的雙眼，在內心對某人說：「我擁有的已足夠。」

對大家：你們也可以參與，大家都可以向某人說這句話。

過了一會：我可以在這裡結束了嗎？

女人：好的，謝謝。但我想說些話。

海寧格：不行。

對大家：我要告訴那些不熟悉的人，這是另一個層次的簡短治療。

●結束了

女人：這些移動怎樣才能成功？在通往伴侶的道路上，人可以怎樣克服路上的障礙？

海寧格：去站在那兒。站在那兒，朝這個方向看。

海寧格選了另一個女人，叫她站在提問女人的對面。

個案後退，轉身離開第二個女人，雙手掩面。

　　海寧格叫第二個女人坐回自己的座位。然後他選出另一個男人，叫他站在個案對面。

　　女人慢慢走向男人，她的手在自己的性部位前交疊。她嘗試去碰觸他。他不看她，過了一會，他跪下來。個案嘗試碰觸他但並不成功。

　　海寧格選了第三個女人，叫她平躺在男人前面，距離他幾公尺遠。男人把頭轉向右邊，轉離她及個案。個案雙手交疊胸前，離開男人走開。

　　她慢慢走向死去的女人，死去的女人向她伸出一隻手。她試圖將死去的女人拉向她，同時，男人爬起來，但又再次跪下。

海寧格：在此我們可以看見一段伴侶的關係，她的伴侶關係是否有機會？關係已結束！機會已失去。好，謝謝各位代表。

對女人說：我就停在這裡。我們看到了一切。你也看到了一切。

對團體說：我已為一段伴侶關係作出總結。我已為一個女人總結，沒有母親、沒有丈夫。

對第一個代表說：你是母親。你是那母親，還有另一位死去的女性。但是我不想深入。

對大家：你們覺得怎樣？當事情變得嚴肅，你們仍能跟上嗎？

●我停止

海寧格對一個女人說：現在你可以問問題。

女人：在一開始的時候，我見到你所說的一段伴侶關係中的獨特性。我仍然能感受到它在我裡面，但我再也看不見伴侶關係中的獨特性

了。

海寧格：我不明白。

海寧格問大家：你們明白這問題嗎？不？如果我們都不明白，表示有其他事物被注意了。

對女人說：閉上你的眼睛，並對某人說：「我停止。」

可以嗎？

女人：謝謝你。

海寧格：停止是邁進新世界的第一步。

孩子

海寧格：這工作坊最重要的主題是關於男人和女人。但沒有小孩的一個男人和一個女人，是怎樣的？孩子是夫妻關係的圓滿。婚姻關係是為了孩子而設計的。沒有孩子，夫妻關係是不完整的。現在很多人談論一段夫妻關係時，只講男人和女人。在過去，第一個孩子必然會在婚禮一年之後來到世界。夫妻的目標就是孩子。只有透過孩子，它才變得完整。孩子是一段婚姻關係中可見的結果。

問題是，有了孩子之後，夫妻關係會發生什麼改變？一開始的時候，父母雙方都會變得很忙碌。夫妻關係透過這樣而增長。

現在問題是：孩子是不是被允許歸屬於父母雙方？是否有其中一方會把孩子拉近自己，使孩子距離另一位變遠了？又或者孩子被允許在兩方之間來來回回。這些日子以來，我們看到許多女人把孩子拉向自己。父親大可以說已盡了他的責任，所以現在可以離開了。我這樣說當然有些誇張。留在母親身邊的孩子，被母親拉向自己，失去與世

界的連結。可憐的孩子！你們能夠感覺到嗎？孩子是由父親帶領而認識世界，父親帶孩子超越家庭界線，進入廣闊的世界。因此很重要的是，父親在較早期就把孩子帶入世界。

之後，有其他事情會在孩子身上發生。一些東西會轉移到孩子身上。而這就是那句子，一個非常基本的句子，我們能夠在家族系統排列中觀察到的。母親對孩子說：「你為我。」這句話大多是母親說的，很少有父親這樣說。「你為我」是什麼意思？它的終極意思是：「為我死。」

這與罪惡感有關。那些覺得罪疚的人想懲罰自己。他們想要透過自我懲罰，把自己從罪惡感中釋放出來。很多疾病和意外都源於此。有罪疚感的人想透過懲罰來釋放自己，最終的方法就是死亡。

我們審視基督教，會見到整個基督教義的信仰建立在，某人必須死，罪疚才可以得到救贖。首先，這要歸因於耶穌，因他必須死在十字架上，所以我們才可以完全從罪惡中釋放。

這豈不瘋狂？這想法豈不瘋狂？然而，許多家庭卻都有此觀念，預期某位家族成員會為他們而死。於是孩子生病，有家族成員感到優越，他們說：「讓我來，我會為你贖罪。我在這兒是大的。」當母親或家族中其他人說：「你為我。」有孩子就會回答：「我為你。」

●擔憂與關心

海寧格：我有機會觀察到一些奇怪的事。

是這樣的，有一個母親說：「我兒子，他現在二十四歲，我擔心他。」

現在請大家在內心檢視一下，這讓你聯想到你哪一個孩子？閉上眼睛。

好，你所擔心的孩子就是那個。現在想像，這孩子死了。你有什麼感覺？更好或是更差？

每個擔憂都是許下死亡的願望。那在夫妻關係呢？已經完結了，當然。很多時候一對伴侶，大多是男人會對女人如此說：「我為你。」而女人當然也會祕密地對男人說：「你為我。」當男人死了，女人會有什麼感覺？她會覺得好點。

●示範：全都死去

海寧格：伴侶關係有時會很危險，尤其對男人而言。我想我必須要在這裡停止，但我在此僅示範。這裡有人認識某個擔心兒女的女人？我不會探討個人的議題，這樣做會太冒險。但我們可以跟某個我們不認識的、也不在場的人進行工作。

一個女人舉手，坐到海寧格身旁。

海寧格：對方是男人或是女人？
女人說：是一個女人。
海寧格：那孩子是男孩或是女孩？
女人：是個男孩。

海寧格選了女人代表和男孩代表。他讓兩人面對彼此站著，隔著一段距離。

女人伸手邀請兒子，先伸一隻手，隨後伸出雙手，釋放出更明確的邀請訊息。

海寧格：這叫誘惑。

兒子跪下來，躺下。女人也一樣躺下。

海寧格：在此我們可以看到另一種移動。這就是擔憂的結果：全都死去。

對女人及代表們：謝謝你們，我們看見了。

孩子的犧牲

海寧格：我在什麼地方結束？現在對這女人來說，有一個風險會導到罪疚。

最近我寫了一本書（2013年），已在德國出版，四月或五月也會在義大利發行。書名是：《教會與它們的神》（*The Churches and Their God*）。

書中有一章提到孩子的犧牲。我思考孩子犧牲的課題。我描述了祭祀孩子的歷史。我記得在以色列有廟宇遺址的挖掘，時間遠在以色列人進入迦南之前。那兒有一座大石砌的祭壇，是為了把孩子獻祭而設立的。孩子會在這兒被宰殺，尤其是第一胎。這觀念是：神對父母有這樣的要求，父母如果犧牲了他們的孩子，滿足神的需求，就會有好的生活。

當以色列人入侵迦南，他們仍沿用這個習俗。距離耶路撒冷不遠處，有個專為奉獻孩子而設的廟宇，孩子被獻祭給一個叫摩洛（Moloch）的神。父母去到那裡。這神的形象是一個火爐。爐火點燃

以後，孩子就被拋入火爐中。父母用力大聲唱歌，藉此聽不到孩子的慘叫聲。他們希望神的祝福現在會降臨到他們身上。

我們是否已脫離此種形象？還是仍在其中？有多少孩子今天仍然被犧牲掉？例如，透過墮胎。他們被犧牲掉，好讓媽媽可以活得好。這是一種廣泛的習俗。

猶太教的先知指責這種習俗，但他們不成功，直到耶路撒冷被巴比倫人征服，猶太人被擄，這習俗才停止。

問題是：那麼耶穌呢？他去了橄欖山，流著汗血向神禱告：「求祢把這苦杯移去。但不要照我的意思，要照祢的旨意。」這旨意成就了，耶穌死在十字架上。

基督宗教被羅馬人篡奪，傳播了這個版本：耶穌死去是讓世人可以跟神和好。誰釘他上十字架？他忠實的追隨者？抑或是神，他所謂的父親？

今日我們帶著耶穌的十字架，我們走過十字架的每一段苦路，奉上我們的生命與神和好。然後一些父母，但最主要的是母親，想一個孩子死掉，藉此讓神的祝福可以被喚起，降臨在他們身上。

但隨後發展出其他方式，他們希望把一個孩子獻給神做服侍，例如：一個男孩被預訂為神父，或一個女兒進入修道院成為耶穌的新娘。

這豈不瘋狂？他們希望這樣神會把祝福降臨在這個家庭。

相同的移動存在，當父母中的一方對孩子說：「你為我。」

關於這點，我將告訴你一個故事。很多年以前，我寫過一本講犧牲孩子的書。起初我把孩子的犧牲歸於神。但其實孩子並不是為了神而犧牲的，神不是要這個！是母親要這樣！是父親要這樣！問題是：我們

如何在這些跟隨著他們的可怕形像與行動中，找到一條出路，進入另一種愛？現在閉上眼睛，我要告訴你這個故事。

有這樣的一個聖經故事，但我會深化它。這故事是：

一個男人晚上夢見自己聽到神的聲音對他說：「起來，帶著你的兒子，你那唯一的、心愛的兒子，帶他去我指定的山上，在那裡把他宰了，奉獻給我。」他兒子的名字叫以撒。

他帶著兒子上山，築起了一座祭壇，綁住兒子的手，拔出刀，準備殺兒子。

然後他聽到另一個聲音，於是他宰殺一隻羊，代替他的兒子。

現在，這個家庭有什麼事物變得不再一樣了？

孩子會怎樣看自己的父親？

父親會怎樣看兒子？

女人會怎樣看自己的丈夫？

男人會怎樣看妻子？

他們會怎樣看神？

而神又會怎樣看他們——假設祂真的存在？

但誰是這個神？誰是神？只有這個父親！只有我們，彷彿我們在等待一個孩子的死亡，來讓我們生活得好。

現在我會把故事繼續說下去，以及故事的解決方案。

另一個男人夢中聽到神的聲音對他說：「起來，帶著你的兒子，你那唯一的、心愛的兒子，帶他去我指定的山上，在哪裡把他宰了，奉獻給我。」

　　早上男人醒來，看著兒子，看著他唯一的、心愛的兒子，看著他的妻子，孩子的母親，看著他的神。

　　他堅定地對神說：「我不會那樣做。」

他的兒子現在會怎樣看自己的父親？

　　父親會怎樣看自己的兒子？

　　女人會怎樣看她的丈夫？

　　男人會怎樣看他的妻子？

　　他們會怎樣看神？

　　而神──假如祂真的存在，又會怎樣看他們？

　　今日，孩子的犧牲是無止盡的，而準備要犧牲孩子的父母，也是無止盡的。

　　我們中間有沒有人覺得內疚？又或者我們都進入了一個以各種形式犧牲孩子的場域中？我們都對孩子說著：「你為我。」

　　孩子又為什麼會願意犧牲自己，並說一句：「我為你」呢？因此我們其實是處身於一個巨大的戰場。

　　現在出路是什麼？這些以流血或非流血的形式而被犧牲掉的孩子，我們把他們放進心中。因為他們沒有死去，他們仍然在哪兒。我們對他們說：「請回來！」

我已無路可退。怎樣做到？帶著愛。

●將來

大家覺得怎樣？孩子，是夫妻關係的另一個維度。從這個維度的視野出發，我們可以踏出決定性的一步，邁向另一個未來。

明天的工作坊會帶我們到另一個超越好與壞的意識層面。

好與壞，對與錯這些觀念，只要我們仍停留在良知的束縛中，我們就逃不開。在這個層面，良知結束。在這裡，不必行使權力凌駕別人，在伴侶之間或孩子身上都不需要。在這另一個層面中，每樣事物都一起同在，歸屬於彼此。

這需要各方面的調節，我們不能強求。當我們停止了對善惡的分辨，我們便會被帶到那裡。首先在我們自己身上、在伴侶身上、並在孩子身上。在這個層面中，以一種超越了我們目前為止的概念和想像到的方式，一切都同在、都合而為一。

現在來到今天課程的尾聲，我想講一個故事，一個真實的故事。聽完這個故事之後離開房間時，我們不要跟彼此說話，也不要鼓掌，不要發出任何聲音。我們以一種歸於中心的狀態返回日常生活中。怎樣做？我們已經改變了！

在荷蘭的一個工作坊中，我應邀擔任嘉賓，這是一個有關於機構組織的課程。在課程完結的時候，工作坊的主持人建議我把教會當成機構組織，進行排列。這是他的提議，我接受了。

我叫他選一位女性，代表教會，他選了一位。教會代表只是站在那處。我讓我自己被帶引，對他說：「現在選一位代表耶穌。」他選了一位男士，他來到台前。教會代表看著一個方向，耶穌代表站在一個地方，卻一眼也不看教會，他的視線繞過了教會。

於是我叫工作坊的主持多選一個男人代表神。主持人選了一個，那男人行了幾步上臺，但未走到頂級。

耶穌向神走近了幾步，然後後退幾步。神踏到臺上。不論是神或耶穌都沒有望向教會。當神站定在臺上，耶穌小步小步地走向祂，然後他們溫柔地相擁。

耶穌讓自己從神的懷抱中離開，往後退，仍然面對神。與此同時，教會身上發生了一些事。她向前傾得很厲害，看著地下。我們從家族系統排列中知道這意味著什麼。教會望著死者。

我選了一個女人代表這些死者，我叫她躺在教會面前，她面朝上平躺了下來。

現在奇怪的事發生。神坐在地上，坐到死者身旁，他開始哭了。然後他也躺下來，躺在死者身邊，閉上眼睛。祂，也死了。

這就是我要說的故事。

結語

靈性的移動

海寧格：我想談談靈性（spirit）。我們不知道它是甚麼。有些人對靈性的形象，是明確、實在的，會以某種特殊的方式來與我們接觸。當我想像這一點，嘗試透徹地思考，很明顯地，創造的靈性，是與所有的事物都平等一致地連結。於是，我與「靈性會特別幫助我」的這個想法告別。靈性和善地對待我、也和善地對待其他人，和善地對待我們所有人，對每一個人都有獨特的方式。

當我們體驗到被靈性的移動帶領，就像是擔任家族系統排列代表的體驗，我們會覺得是被另一種動力所帶領，這不是一種很個人化的方式，而是同時為很多人服務的。當我們與這種動力和諧一致，我們便與另一種愛和諧一致，超越我們的小我。因此，我們不能將它解釋為屬於個人的，甚至更狹隘地認為，是「特別」為我們個人的。相反地，我們是在這條無限寬廣的愛的河流中體驗我們自己。

在此我們體驗到，我們被帶領到一個完全不同的空間，進入一個靈性的空間，進入一個宇宙的意識。我們從那裡接受遠超過我們目前心智的洞見。你們在此進行練習時，也體驗過。當我們被靈性的移動帶領，進入這個空間，我們將一切放在後面，將愛的道路上的一切阻撓都拋諸腦後，超越一切罪疚。

●好與壞

這個領域沒有罪疚的位置。我們要放下所有想要為罪疚贖罪的誘惑。

我們體驗了內在兩個相反的動力。我們不只體驗到我們是好的，靈性的移動以服務生命的意義，來培育「好」，同時這些移動也是毀滅性的。他們的破壞是為了要騰出空間給新事物。以此意義來看，甚至戰爭也是靈性的移動。

有人告訴我，阿茲特克人會在五十二歲時拋棄所有的東西，以騰出空間迎接新事物，我聽到覺得很感動。猶太教也有一種「破舊立新」的運動。

●殘忍

我們體驗過事物本質的殘忍，我們靈魂中的殘忍，以及靈性移動的和諧一致中的殘忍。我們想克服它，想要它消失。但是，我們都被帶進會製造傷害的移動中，準備要製造傷害。從更寬廣的角度來說，傷害為生命提供延續和進化的作用。

當我們在內在體驗到這些，當我們感受到這種有侵略性的衝動，我們同意，這就是靈性的移動，於是在我們心裡，好和壞的對立看法，便昇華、融合在更大的移動中。只有這樣，我們才能真正與靈性的移動合一。這是一種神秘的合一經驗，充滿神奇，這是萬事萬物都有其位置的奧妙之處。終極來說，每件事都在為愛服務。所以，這樣的方式，會讓我們產生完全不同的宗教立場和態度。當我們做到這點，幸福觸手可及。我們可以同意每件事情如其所是，一切如是。

●好和壞的靈體

還有其他讓我覺得疑惑的事。例如：一首歌能夠喚起好的靈體，這表示有一個高於人類的領域，裡面棲息許多靈性的存有，他們會來幫助我們，為更高的力量服務。

是的，我們也認為有守護天使的存在。這不只是一個想法，有許多人經歷守護天使突然現身，協助我們度過危險狀況。所以除了尋找這種靈性力量的直接連結，我們也祈求這些好靈體與我們同在。

問題是：有壞的靈體嗎？一般普遍的想法是，也有壞的力量在運作。在家族系統排列中，我們可以看見：代表往生者的人會傾向牽引生者與他們一同進入死亡。

因此，有些靈體對生者有極壞的影響。例如他們會驅使生者進入死亡，甚至精神錯亂。

●死者的平靜

我們可以在家族系統排列中看見什麼？當我們讓出空間給予靈性的移動，那些死去的人便會發生改變。他們最後會讓生者離開，並闔上雙眼完成他們的死亡，然後讓活人平安。而這樣還未完結，等到他們找到平靜，他們會成為生者的守護天使。所以，必須為亡者建立序位，他們也期望我們幫助他們做到這一點。建立序位的意思是指：我們按照他們本來的樣子，將他們放入我們的心中，包括某些被稱為罪犯的人。他們需要平等地納入家族，甚至是更大的靈魂當中。

現在你們了解：有一個靈性的移動會將所有人帶入它偉大的移動中。依照所有人原來的樣子，不論他們犯過什麼罪，不論他們的命運如何。當然，成功地讓死者安息，只會發生在：當我們能夠將「好」與「壞」在我們的靈魂之中合而為一，成為一個神秘的合一狀態，就如同靈性的移動一樣。

現在，不管好的靈體和壞的靈體，過去是否為人類，又或者還有其他的靈體，我不知道。我傾向將他們當成是死去的人。這讓我可以與另一個世界親密連結，與那裡的居民連結在一起，與這股永恆的力

量連結在一起。

●神的形象

永恆的神靈，神聖的力量（我在此稱為神聖），這並不是那些我們平常所了解的神的概念。

在這裡，我要大膽聲明。我們所有關於神的形象，所謂親愛的神，或是有如法官般會給予人類評斷和處罰的賞善罰惡之神，都是對神的侮辱。這是傲慢的極致展現。因為這樣的神有好壞的分別，最重要的是，祂很可怕。所謂慈愛的上帝，竟然是一個可怕的上帝，一個需要我們活在恐懼中的上帝。

永恆的神，靈性的移動，不認可任何形象。也不認可宗教，不認可儀式。這些形象、宗教有什麼用途？我們想要藉由這些儀式得到什麼？我們想要影響上帝嗎？根本沒有神的居所，也沒有神的中間媒介。但我們可以經驗到包容一切萬物的愛的移動。

面對神，我們需要害怕嗎？我們需要請求這個力量去幫助他人嗎？我們的愛可以比這個力量更大嗎？所有的禱告來到這裏都會結束，希望和恐懼也都同樣結束。

我們如何與這股力量相處？祂是在外面嗎？還是在我們內在？會有任何我們內在的移動不是來自這股力量嗎？

然後，什麼是敬拜神？我們跟隨這內在生命的移動。什麼是宗教上的臣伏？我們只是——在這永恆的神靈面前，沒有任何自己的移動：我們只是——如我們所是地在那裏，這就是我們全體的圓滿。

附錄

我為什麼寫這本書？

首先，雖然我因為家族系統排列而為人所知，但是我原本是在南非任教多年，教育非洲本土學校的孩子。我的最後的一個職位是位於瑪麗安希爾（Marianhill）的著名聖法蘭西斯學院的校長，這是一所在南非所有本土高中學校中，名列前茅的學校。為了擔任這個職位，我在納塔爾大學（University of Natal）和南非大學（the University of South Africa）研讀三年，完成大學教育學位，取得在南非高中任教的資格。

第二，我在南非參加了關於團體動力學（Group Dynamics）的新運動，透過直接的經驗，參與者學習到根據什麼樣的相應法則，讓團體在考慮並囊括所有參與者的情況下，能夠自動組織起來。我完成團體動力學的培訓，也成功運用了這些法則。團體動力學幫助我建立一種相互信任的氛圍，在這裡，沒有人是局外人。

第三，我透過家族系統排列，洞見到人際關係的基本秩序。我將這些一併納入海寧格科學（Hellinger sciencia），它們已得到證明，對人類的所有關係是非常重要的。

家族系統排列揭露了父母以及孩子，都以複雜的方式，深植於更偉大的連結中。前面世代所發生的事件，以及他們所曾經歷的整體生

命狀況，對今天活著的人都仍然產生影響。在海寧格教育裡，所有相關事件，都會被釋放而展現出來。另一個未來在等待著這些事件，與生命接近，充滿自信。

同時我也在許多的課程裡，向父母和孩子們，老師和學生們，展示這些洞見，其中部份課程是我與妻子蘇菲共同進行的。

本書是一本實用書，有助於教育機構和學校的教育者，以及因孩子離家出走而求援的父母。對於想要支援這些基本照顧者和教育者的人，這本書在許多方面也都很有用。

海寧格科學

海寧格科學是一種靈性之愛的科學，是一種整體科學，是人類在生命中所共用的整體序位語言；它始於家庭、男女之間、父母與孩子之間，包括他們所受的教育，以及進一步延伸到工作狀態、職業、組織機構的序位，以及所有大型團體如：種族團體、國家、文化等的序位。

同時，它也是一種關於錯亂序位的整體科學，是這種錯亂序位導致了人類互動中的各種衝突。造成人類和群體的分裂，而不是使他們走向統合。

這些序位和錯亂序位，也會轉移進入我們的身體，對我們的疾病、身體、情緒和心理健康，扮演著重要的角色。

作為一個科學學科，海寧格科學時時保持動態。這意味著，它持續地進步發展，並且透過許多其他致力於此科學和此科學成果的人，他們的經驗和洞見，持續進步發展。作為一種有生命的科學，它不會

成為一個完整性的學校，也不會是一個可以被傳授和學習的固定知識法則。它存在的正當性，僅在於它的作用和成功。它是一個各方面都開放的科學。

●靈性的維度

海寧格科學創造了在我們關係中，序位與錯亂序位的洞見，可以被任何人所經驗。更重要的是，它觸及了另一個維度，一個靈性的維度。唯有透過這個維度，我們才能領會這些洞見的視野。也唯有透過這個維度，我們才能經驗到它的整體重要性，以及生命各層面由此導致的結果。

這個靈性的洞見是什麼？有哪些維度？這個洞見始於一個觀察，以及伴隨著這個觀察而來的：如其所是的移動，並非來自自身的脈動，而是受外界影響而移動。即使看上去像是所有活著的生命般，是自己在移動，但它的移動源頭，並非從自身而來。

因此，所有的移動，包括所有「有生命的東西」的移動，都歸於一個源於外界的移動，而那並非只是在生命初始，而是持續不斷地在整個生命週期之中。

還有一些其他需要銘記在心的：所有的移動，尤其是所有生命的移動，都是一種有意識的移動，一種覺知的移動。是以推動一切力量中的意識作為先決條件。換句話說，每一個移動，都是經過事先考慮過的移動。移動之所以產生，是因為受到這個力量的思考，因此會依照思考方式而移動。

所以，每一個力量的開始是什麼？一個思考，一個如其所是的思考。

那麼，隨之而來的是什麼呢？對於這個思考而言，沒有什麼是它

不想要的樣子，也沒有什麼移動方式是它所不希望的。所有的移動最終都是這種靈性的移動。因此對這個靈性而言，一切從來都沒有結束。這個靈性以同樣的方式看待那曾經的一切，也依然以同樣的方式看待現在的我們，和即將來臨的一切。

靈性認為，未來和過去是一起的，過去也和即將來臨的一切相連。過去正朝著即將來臨而移動，過去在即將來臨的裡面，達成圓滿。

然而，即將來臨的，也將成為過去的某些事物，然後，它也會像過去的某些東西一樣移動，這意味著，它會朝向還在未來的某些東西而移動。這種全體移動的思考永不停止，這對我們來說，是難以想像的。正如沒有任何事物不是經過靈性的思考，同樣的，沒有思考，就沒有任何事物。因為除了靈性，再也沒有其他任何可以進行思考的了。

在這種思考面前，我們許多的重要假設和想法都無效。例如自由意志的假設，個人責任的假設等，而傳承我們文化的許多重要價值判斷和區別，也都將消失。

就這第一個例子來說，我將指出好與壞，正確與錯誤，被選擇和拒絕，上與下，高與低，更好與更糟，以及終極的生命和死亡。

在我們持續做區別的時候，我們也經歷這些區別。那麼，難道這不也正如其所是的，是來自這個靈性的思考和期望嗎？

在這裡有一點值得考慮的是：過去和即將來臨，兩者是不同的。過去正朝著即將來臨而前進。因此，在我們的經驗裡，存在著前、後，還有多、少。

什麼是少？什麼是多？這是指，更少的意識或更多的意識。我們發現自己在從更少的意識，移向更多的意識，以配合這個靈性以及所

包含的整體移動，朝向「協調靈性移動的更多意識」。因此對我們而言，有更多和更少的移動，但對於靈性而言，這卻是難以想像的。然而，這個移動存在於一切與我們相遇的事物裡，在移動中受到這個靈性的思考。無論在朝向更多意識的道路上，需要我們經歷什麼，靈性都是以這樣的方式去為我們思考。

誰會達成更多的意識呢？誰會達成與這個靈性的意識更加協調呢？這可能是我們個人嗎？我們是否可以實現，在這一生就能實現呢？或者這是要我們全人類一起──從過去、現在和未來的時代，共同在這條道路上達成這種意識呢？這是否只能透過人類曾經有過的所有經歷，以及還需要透過我們以及許許多多其他人，才能在這一生或其他許多轉生，才能達成？還有，是否必須一起共同達成？

●自由

當然，我們在很多方面都感到自由。當然，我們對自己的行為和行為的結果負有責任。然而，在此同時，我們知道還有另一個力量，一個靈性的力量推動著一切，它思考、推動和決定著我們的自由、我們的責任和我們的內疚，它影響著所有我們的經驗，而我們卻把這些經驗視為是自己的。

所以我們的行動會不同嗎？我們能夠有不同的行動嗎？我們從哪裡可以獲得力量，以進行不同的移動和行動？

那麼，我們還能做些什麼？和從前一樣的方式來行動，去同意我們的自由，我們的責任，我們的過去，以及所有導致的結果；如其所是地，也如我們所經歷地。

在此同時，我們也更有意識地經驗到，與這個全移動靈性的協調。這種與靈性協調的意識增長，不只為了我們，同時也為了所有會

被我們的自由和責任所影響的人；也為了所有會被我們的行動和內疚影響到的人。

●擔憂

在這個靈性的維度裡，擔憂終結了。包括對海寧格科學未來的擔憂，也都終結了。海寧格科學來自靈性的移動，它一直處於動態，也就是靈性的思考方式，無論人們答應還是反對。作為一種整體適用的科學，無論以這個方式或那種方式，它的真理會透過結果來自我證明。

所以關於我們對未來的擔憂是：關於我們的未來嗎？關於其他人的未來嗎？關於這個世界的未來嗎？由於我們不能透過這些擔憂達成任何事物，難道這些擔憂不是證明為愚蠢的嗎？於是擔憂變成對抗靈性的移動，彷彿這些擔憂是獨立似的。

當我們感覺與靈性移動已協調的時候，關注會變得不同。在靈性移動時，這些關注不在乎要對世界服務，而是與靈性的關注和關懷達成協調。這些關注與生命的起始和終結序位協調。

●未來

與靈性的思考協調，每一個未來對我們而言都是當下。這個靈性的思考都是當下。在靈性的維度裡，對於「接下來是什麼」，這個關注是不存在的。與靈性協調，所有屬於下一步的東西都在當下呈現；因為有下一步，所以會有一個未來，一個當下的未來。

海寧格科學是一個當下的科學。它所有的洞見都是在此時此刻當下起作用，而對這些洞見的抗拒，也在當下立刻開始作用。海寧格科學是一個有關當下的人際關係的科學。

●愛

終極來說，海寧格科學是愛的科學，是一種包容所有事物和所有形式的愛。

這種愛是如何達成的？它的成功在於與靈性的思考協調，與那個以其思考的方式推動一切的靈性協調。這是與此靈性思考協調的愛。這種愛了解靈性的移動，這種愛知道如何去愛，也知道如何被允許去愛，因為它透過一種與靈性意識協調一致的洞見，領悟了這種愛。

因此這種愛也是純淨的，如同這個意識。它是純淨的，因為它受到思考而移動。它是一種覺知的愛，一種純淨的、覺知的愛。

因此，它也是富有創造力的愛，由於與靈性思考協調，而富有創造力。因此這種愛也成為一種科學，一種整體適用的科學。作為一種通用的科學，它的作用是整體性的。它起作用，因為它是真實的。

●海寧格教育

海寧格教育是海寧格科學的應用，是海寧格科學在各教育領域的應用。

●聯絡方式

網站

www.Hellinger.com

信箱

office@hellinger.com

線上商店

www.Hellinger-Shop.com

與Hellinger學習

在www.Hellinger.com你可以發現由Bert與Sophie Hellinger 和Hellinger
學校舉辦的研討會。

國家圖書館出版品預行編目資料

洞見孩子的靈魂：行動中的海寧格教育/ 伯
　特・海寧格(Bert Hellinger)著；宋黎輝，梁
　寶儀譯.-- 初版.-- 新北市：世茂，2015.06
　　面；　公分.--（新時代；A23）
　　譯自：Looking into the souls of children :
the Hellinger pedagogy in action
　　ISBN 978-986-5779-82-5(平裝)

　1.家族治療

178.8　　　　　　　　　　　　104008075

新時代A23

洞見孩子的靈魂：行動中的海寧格教育

作　　　者／伯特・海寧格 (Bert Hellinger)
譯　　　者／宋黎輝、梁寶儀
審　　　訂／陳慧雯、黃慶生
主　　　編／陳文君
封面設計／辰皓國際出版製作有限公司
出 版 者／世茂出版有限公司
負 責 人／簡泰雄
地　　　址／(231)新北市新店區民生路19號5樓
電　　　話／(02)2218-3277
傳　　　真／(02)2218-3239（訂書專線）、(02)2218-7539
劃撥帳號／19911841
戶　　　名／世茂出版有限公司
　　　　　　單次郵購總金額未滿500元（含），請加50元掛號費
世茂網站／www.coolbooks.com.tw
排版製版／辰皓國際出版製作有限公司
印　　　刷／祥新彩色印刷股份有限公司
初版一刷／2015年6月
　　四刷／2020年2月

I S B N／978-986-5779-82-5
定　　　價／420元